U0903460

微商进化论

职业化微商团队管理必读手册

戴翎羽 袁启明 刘特丰 唐元伟◎著

人民邮电出版社
北京

图书在版编目（CIP）数据

微商进化论 ：职业化微商团队管理必读手册 / 戴翎羽等著. -- 北京 ：人民邮电出版社，2017.6
（盛世新管理书架）
ISBN 978-7-115-45704-2

Ⅰ. ①微… Ⅱ. ①戴… Ⅲ. ①网络营销－组织管理学－手册 Ⅳ. ①F713.365.2-62

中国版本图书馆CIP数据核字(2017)第087583号

内 容 提 要

本书涉及微商团队管理的很多层面，包括会议管理、顶层设计、标杆管理、核心骨干管理、竞赛管理、目标管理以及文化管理等内容，其中最大的特色是把很多企业团队管理的思路与方法接入微商团队管理之中，使在团队管理层面尚不“专业”的微商能够通过本书的引导完善团队管理机制，提升团队管理效果，最终实现团队管理的最优化、团队效益的最大化。本书适合微商团队管理者、创业者阅读与学习。

◆ 著　　　戴翎羽　袁启明　刘特丰　唐元伟
责任编辑　赵　娟
责任印制　彭志环

◆ 人民邮电出版社出版发行　　北京市丰台区成寿寺路 11 号
邮编　100164　　电子邮件　315@ptpress.com.cn
网址　http://www.ptpress.com.cn
大厂聚鑫印刷有限责任公司印刷

◆ 开本：700×1000　1/16
印张：11.5　　2017 年 6 月第 1 版
字数：160 千字　　2017 年 6 月河北第 1 次印刷

定价：49.80 元

读者服务热线：(010)81055488　印装质量热线：(010)81055316
反盗版热线：(010)81055315

前言

微商诞生于2011年，是随着中国移动互联网和微信平台的快速发展而产生的一个新兴行业。诞生之初，微商以代购、非标准产品的分享购买为主要形态。但时至今日，微商已经发展出了完善的层级代理体制，所销售产品的品类也更加丰富。

如果把微商的发展进行阶段性划分，我主张将其分为个体微商阶段、团队微商阶段与品牌微商阶段。这样划分能够清晰地再现微商行业的发展历程，也体现了现在的微商行业正经历从团队微商向品牌微商转型的过程。

微商行业的很多“大咖”心里都明白，向品牌微商转型的一大前提就是拥有综合素质强大的团队。于是如何打造这样的团队使其符合品牌化转型需求，就成为一个摆在众多微商领导者面前的难题。实际上，微商行业在团队管理层面存在着相当大的问题，其中的原因一方面是因为不重视，另一方面则是由于缺乏经验与借鉴。这严重影响了很多微商团队的可持续发展，从而阻碍了微商行业的整体发展步伐。而本书所要解决的正是这个难题。

本书的内容从“形”上看属于“微商团队管理”的范畴，但是从更深层次的“神”上来看，它实际上是一本帮助微商从“团队化”走向“品牌化”的教案。这是因为本书中所阐述的理论与实操性内容不仅介绍了微商团队实施管理的方式方法，还能够在如何打造微商品牌方面带给微商团队的领导者们启发，这才是本书真正要传达的要义所在。

本书的内容涉及微商团队管理的很多层面，包括会议管理、顶层设计、标杆管理、核心骨干管理、竞赛管理、目标管理以及文化管理等内容，其中的最大特色是把很多企业团队管理的思路与方法接入了微商团队管理之中，使在团队管理层面尚不“专业”的微商能够通过本书的引导完善团队管理机制，提升团队管理效果，最终实现团队管理的最优化、团队效益的最大化。

本书内容的可操作性非常强，很多方法都可以直接拿到团队中使用，可以说具备了工具书的作用，这也是本书的一大亮点。

目录

第 1 章　微商的裂变与发展趋势　1
1.1　移动社交带来难以阻挡的商业新契机　2
微商发展的 5 个阶段　3
移动社交带来微商商机　4
移动社交平台的微商特征　5
1.2　市场微词颇多，但微商依然魅力无边　6
微商行业的主要问题　6
微商魅力抵御市场微词　8
1.3　逐级裂变，微商背后的强分销体系　9
微商的大分销体系　10
微商分销 PK 微商代理　12
微商分销体系三大要素　13
1.4　实体微商乃未来企业创新转型之路　14
微商行业的现实困境　15
实体微商助企业转型　15
第 2 章　论当下微商团队之怪现状　19
2.1　怪现状一：结构松散，团队管理无从发力　21
利益不明，团队不稳　21
没有制度，无法管理　21
没有平台，没有归属　22

2.2 怪现状二：团队内战，恶性竞争自毁长城 23

同宗代理，相互蚕食 23

缺乏管理，内战不停 23

2.3 怪现状三：成员流失，团队缺乏向心力 24

团队利益捆绑，缺乏向心力 24

消极的相互影响，让团队日渐消沉 25

缺乏管理，团队“失血”严重 26

2.4 重塑团队，从孤胆侠客走向名门正派 27

2.5 管理纠错，微商团队管理“七剑下天山” 29

第 3 章 微商团队管理修炼七剑之第一剑：会议管理 31

3.1 会讲课更要会开会，微商团队会议管理三部曲 32

3.2 线上培训会议：教授生意心经 34

控制开会频率，提升团队素质 35

整合会议内容，保证每次都有料 36

了解会后反馈，保证随时调整 37

3.3 线上管理会议：总结过去，计划未来 38

总结过去 38

计划未来 40

3.4 线下会议：团队壮大后的必然之路 41

线下会议规模条件 42

线下会议优势 42

线下会议操作方式 44

第 4 章 微商团队管理修炼七剑之第二剑：团队顶层架构设计 45

4.1 顶层设计：组建微商团队背后的助力团 46

微商进阶依靠助力团队 47

微商团队助力团角色划分 48

4.2 团队顶层架构特征：科学、合理、专业 49

原则一：科学 50

原则二：合理 51

原则三：专业 52

4.3 团队顶层角色之讲师：传道、授业、解惑 53

讲师在微商行业中的作用 54

找到符合条件的微商讲师 55

4.4 团队顶层角色之客服：顶层与基层的连接之桥 57

微商客服的作用 57

微商客服的基本素质条件 58

4.5 团队顶层角色之推广：配套服务与团队双管齐下 59

微商推广角色的作用 59

微商推广角色承担的工作职责 60

4.6 团队顶层角色之物流：提升服务效率的因子 63

微商物流角色的作用 63

物流角色的工作职责 64

第 5 章 微商团队管理修炼七剑之第三剑：树立标杆 67

5.1 榜样力量无穷，但要学会善用 69

标杆的正向作用 69

善用标杆 71

5.2 树立标杆，开启团队模仿模式 72

用标杆提升团队效率 72

用标杆开启团队模仿模式 74

用管理方法提升标杆模仿成功率 75

5.3 标杆特征解析：业绩鲜明、人格鲜明、态度鲜明 76

业绩鲜明 77

人格鲜明 78

态度鲜明 79

5.4 维护标杆，宣传标杆 81
维护标杆 81
宣传标杆 82
第 6 章 微商团队管理修炼七剑之第四剑：紧抓核心骨干 85
6.1 业绩领域的二八定律 86
企业管理中的二八定律 86
团队管理用好二八定律 87
6.2 学会授权：分销体系下的“两级”管理法 90
微商的团队膨胀与应对之法 90
微商团队管理的“两级”管理法 91
6.3 自上而下，紧抓骨干不动摇 95
评测骨干 95
培养骨干 96
留住骨干 96
激励骨干 97
第 7 章 微商团队管理修炼七剑之第五剑：团队 PK 竞赛管理 99
7.1 建立竞争机制，营造竞争氛围 100
竞争机制的作用 101
建立良性竞争机制 101
维护团队竞争氛围 102
团队内部竞争方式 103
7.2 销量 PK：让团队业绩迅速飙升 104
销量 PK 方案设计 105
实施销量 PK 竞赛需要注意的问题 107
7.3 卖家秀 PK：发挥成员人格魅力 108
微商推广锁定“买家秀” 108
“卖家秀”PK 方式 110

CONTENT
目 录

7.4 朋友圈文案 PK：调动个体推广才华 112

微商朋友圈文案特征 112

微商朋友圈文案三部曲 114

微商朋友圈文案 PK 方式 115

7.5 单品销量 PK：比拼团队销售才能 116

爆款单品的选择标准 116

单品销量 PK 方案设计 119

第 8 章 微商团队管理修炼七剑之第六剑：目标管理 121

8.1 目标是团队前进的指航灯 123

微商团体的目标盲从现状 123

目标管理对微商团队的重要性 123

设定团队目标需要注意的问题 125

8.2 平衡长期目标与短期任务 127

长期目标设定 127

短期任务设定 128

8.3 “跳一跳，够得着”，让目标趋于合理化 129

合理化目标管理 129

制定合理化目标的 SMART 原则 130

8.4 为实现目标配置相应资源 132

资源配置的含义 132

如何实现资源合理配置 133

8.5 设立目标奖励，激发前进欲望 135

目标激励在目标管理中的必要性 135

目标激励的方法 136

目标奖励需要注意的问题 137

第 9 章 微商团队管理修炼七剑之第七剑：团队文化管理 139

9.1 没有文化的军队是“愚蠢”的军队 141

团队文化管理的重要性 141
团队文化管理的作用 143
9.2 制度约束人，精神凝人心 144
影响优秀团队文化建设的核心要素 144
团队文化的表现形式 147
9.3 培育团队文化的温度与深度 149
有温度的团队文化 149
有深度的团队文化 151
9.4 激发团队潜力，带来业绩提升 153
建立适合激发团队潜力的文化管理机制 153
激发团队潜力的十大方式 155
第 10 章 团队管理——微商可持续发展的新引擎 159
10.1 实体微商时代团队管理的现实意义 161
微商团队管理难题 161
微商团队管理的意义 162
10.2 培训机制锻炼“小白”，分销体系裂变“造血” 164
通过管理为团队造血 164
通过培训找到适合的团队骨干 165
10.3 奖惩分明，末位也要淘汰 167
团队惩罚的意义 167
团队惩罚运用的方式方法 169
10.4 团队管理成就微商百年之业 172

CHAPTER 1 第1章

微商的裂变与发展趋势

微商，作为一种企业或个人通过社交媒体开店的电商模式，诞生于2011年，它是随着中国社交媒体与移动互联网的快速发展而诞生的一个新兴行业。在短短的几年时间里，微商行业的从业人员就从2011年开始的几万人飙增到如今的超过千万人，其行业规模也呈现出百倍增长的态势。可以说，微商所创建出的基于粉丝营销和朋友圈营销的电商模式已经成为当下电子商务领域非常重要的组成部分，在未来也将是一股不可忽视的电商力量。

1.1 移动社交带来难以阻挡的商业新契机

微商的兴起与移动社交平台有着千丝万缕的联系，它借助于微信、QQ、微博等移动社交平台，以社会化传播的方式开展商品与服务的交易，逐渐形成了一种有别于传统电商的独特电商模式。简而言之，微商就是具有社交属性的移动端电商。

微商发展的 5 个阶段

从发展阶段来看，微商至今已经经历了 5 个阶段，因此人们常用 5.0 来形容如今的微商。微商行业正式诞生于 2011 年，那时候以个人微商为主，他们活跃于微博、论坛等社交媒体，这就是微商 1.0 阶段，即雏形阶段。在这个阶段，微商的主要经营方式是囤货，在社交媒体发布广告。

进入 2012 年后，微信陆续推出了朋友圈、微信支付、公众号等功能。伴随着这些移动社交媒体功能化的加强，微商行业也进入了一个运营环境的改善时期。在这一时期，微商的运营开始试图贴近移动社交媒体所开发出的新功能，以适应移动社交方式下的电商新特点。同时，由于微商 1.0 时期的微商们大量囤货，产生了巨大的库存压力，因此在进入微商 2.0 时期后，这种囤货的情况也逐渐被合作所代替。在微商 2.0 时期，微商们开始直接与厂商合作，由厂商进行货品配送，而微商们则赚取交易的中介费用。

随着移动社交的快速发展，到了 2013 年，微商行业开始迈入 3.0 时代，它的最大特点是分销模式的登场。为了解决受众面窄的问题，微商 3.0 时代开始引入分销的模式，其通常方式为只要是在卖家的店铺中购买了一定金额的产品即可成为卖家的下级代理商，而下级代理商销售出产品即可获得一定的佣金，累计一定的佣金便可在卖家处进行提现。这一时期，品牌微商开始出现，它们通过朋友圈、公众平台等途径入驻微商渠道，以代理或者开设分销平台的方式迅速打开品牌市场。

进入 2014 年，微商行业正式迈入了一个蓄势待发的时期，B2C 微商的力量进一步壮大。一方面，大批微商品牌开始涌现，微商的营业规模与成交额都突飞猛进；另一方面，移动社交平台上开始出现更多针对微商服务的新功能，如京东在微信平台的“购物”一级入口以及腾讯微商 B2C 平台的上线等。这就促使微商进入了 4.0 的时代。

2015 年，微商的发展势头有增无减。以苏宁集团为首的大批传统企业和线下企业纷纷开始布局微商，微盟、拍拍等企业则推出了独立的专业微商平台，拓展了微商的分销渠道。微商开始向着规范化的方向发展，并逐渐走入一个成熟的时期。同时，社群的概念开始在微商中广泛使用，这种基于移动社交而出现的社群具有更为强大的群体意识。显然，相对于普通的粉丝群体，社群的黏性更强，更适合微商进行产品的推广与销售。全新的社群管理概念让每个人都能拥有自己独立的社群，社群人数无上限，管理模式更加多样化，功能更加便捷。

移动社交带来微商商机

从微商经历的这几个阶段中我们能够看到，首先微商的发展速度之快令人咋舌，基本上每个时期的持续时间也就在一年左右。在如此短的时间里，微商经历了从无到有、从小到大的转变，这样的发展速度是其他任何行业无法比拟的。其次，回顾微商的整个发展历程，我们能够发现其与移动社交存在着密不可分的联系。可以说，是移动社交为微商带来了无限商机。

目前使用人数较多的移动社交平台主要包括微信、微博等，是这些移动社交平台与电子商务的紧密融合才创造出了微商这一移动电商的新业态。从微商的经营模式里我们可以看到它与移动社交平台之间的依存关系。微商的经营模式大体可以分为以下几种。

首先是 B2C 模式，如在微信平台开设的微信小店、在新浪微博进行的微卖都属于这种模式，它们所依附的正是微信、微博这样的移动社交平台。

其次是 C2C 模式，主要是利用社交平台的朋友圈、群组、聊天频道等发布商业信息或从事产品推介与销售，广告、购买、支付等不同环节也同样在移动社交平台上完成。在这里我们能够看到，微商不仅在售卖、推广方面依附于移动社交平台，就连支付等环节也通过移动社交平台来实现，表明了整个微商的运营体系是建立在这些移动社交平台之上的。

最后是销售代理模式，即基于社交平台的多级分销、多层获取佣金的收益模式。这就是微商的分销模式，它通过发展代理，依靠社交平台的朋友圈以及聊天功能来扩大自身的影响力，从而建立起一套完整的销售体系。

移动社交平台的微商特征

移动社交平台的兴起之所以能够成为微商行业的落脚点，究其原因，主要有以下几个方面。

第一，移动社交平台是移动电子商务得以实现的重要载体。随着智能手机和 4G 网络的普及和推广，移动网络技术已经日益成熟，并得到了广泛的应用。用户呈现出大规模从传统的 PC 端转移到移动端上的趋势。用户的到来让移动购物迎来了快速发展。仅 2014 年，我国移动购物市场成交数额已经接近万亿元级别。这充分说明移动社交平台已经成为移动电子商务不可或缺的载体。

同时，移动社交平台还设置了专门的“购物”功能模块，如微信的“购物”链接直接接入“微信小店”，新浪微博的“购物”链接则接入“微卖平台”。同时，移动社交平台还加强了支付功能。据统计，微信作为目前中国市场最活跃的移动端社交平台之一，其支付用户数量已经达 4 亿左右。

适合移动电商的生存环境，以及配套的一系列功能，让移动社交平台成为电子商务在移动端的首要发力点，也是移动社交平台能够成为微商运营首要选择的原因。

第二，移动社交平台庞大的用户群正是微商的重要客户群。随着近几年移动互联网的发展，移动社交平台的用户群体数量呈现出惊人的增长趋势。QQ 目前有 8 亿多注册用户，而其中移动端用户数就已经达到 6 亿；微信每月的活跃用户数早已经超过 5 亿，据统计有 25% 的用户每天打开微信超过 30 次，超过 55% 的用户每天打开微信超过 10 次。如此庞大数量的用户群体转移至移动社交平台，而这些用户正是微商所不能忽视的重要客户群体，所以才直接导致了微商把销售运营直接搬入了移动社交平台。

第三，移动社交平台是微商引流的重要媒介。我们都知道，传统电商发展至今，流量的成本越来越高，投放广告所带来的回报率逐年下降。而与之相反的是，社交平台由于具有鲜明的社交特性，在引流方面的优势正变得越来越明显。

这是因为移动社交平台的影响力和扩散力非常强。通过社交平台，信息借助转发和评论的方式能够获得快速传播，并且传播面非常广。同时，移动社交平台还能够实现广告的精准投放，它能够准确定位目标人群，使商家可以根据地域、性别、年龄、兴趣等找到目标用户，从而大幅提高广告转化率。最重要的是，移动社交平台的社交特性还有利于商家开展营销活动。由于社交平台上的用户是以“粉丝”或“好友”的形态出现，因此用户与商家之间的交流更为注重情感方面，这就使商家所发布的信息大大提升了传递的效率。在社交平台上，商家不仅可以开展各种营销活动，还可以直接促成交易。

综上所述，我们能够看到，微商在自身快速发展的过程中对移动社交平台的依赖可谓“深入骨髓”，从平台的功能到平台的用户都成为微商掘金的极大助力，正是这些移动社交平台为微商带来了源源不断的商机。

1.2 市场微词颇多，但微商依然魅力无边

在微商行业快速扩张的过程中，由于行业发展时间短，准入门槛低，缺乏相关的规范标准、监管体系与维权机制，因此几乎是从一开始，微商行业就伴随着市场的微词艰难前行。

微商行业的主要问题

微商是一种新型的电商模式，它的身上既有电子商务的共性问题，又存在着其特有的个性问题。其中电商共性问题就包括商品的虚假宣传、假冒伪劣商品销售以及违禁物品销售、知识产权侵权等。而其产生的个性问

题主要包括以下几个。

其一是微商的售后保障与销售维权困难。由于微商从咨询到购买进而完成支付，其交易流程中不同环节往往在不同平台上完成，因此在监管方面存在着很大的难度。再加上微商经常通过社交平台的朋友圈、粉丝群等方式进行销售交易，因此这种带有“熟人交易”特点的交易行为缺乏理智性。而社交平台通常也不会对微商卖家的身份进行实名信息审核，这就导致一旦发生交易纠纷，很难对过错方进行追责。更重要的是，由于移动社交平台对交易信息的保护没有任何限制，因此往往出现交易信息丢失导致在发生纠纷时消费者无法举证的情况，这更增加了交易维权的难度。

其二是微商的广告虚假性普遍，垃圾广告更多。由于社交平台广告投放形式多样、价格较低，因此微商把广告宣传作为一项常备的推广方式，这就导致商家在广告推广时往往将大量无用的广告发送给用户，严重影响了用户对平台的正常使用。同时，微商的广告推广还造成了虚假广告“盛行”的现象。商家为了吸引眼球，提高销售额，往往在广告里夸大产品性能、功效，并通过制造虚假数据来迅速提升好评量与成交量，这些都造成了对消费者的欺骗。不仅如此，一些商家甚至还发布虚假广告来诋毁竞争对手，进行恶意竞争。这些情况都使微商行业在广告推广方面受到了很多质疑。

其三是部分违法的微商经营者利用社交平台建立分级代理制度，以发展下级代理商为名骗取财物，实施传销。这些违法经营者往往是通过朋友圈来建立信任关系，然后利用社交平台不受时间和地域限制、互动性强、隐蔽性强的特点从事网络诈骗、网络传销等违法行为。中央电视台就曾对国内首例微信传销案进行了详细报道，并称微信平台已成为非法传销组织的一个新场所。

在上述问题的影响下，微商行业一度被贴上了“传销”“质量差”等负面标签，成为用户对于微商行业的主要印象。

微商魅力抵御市场微词

尽管从诞生到成长一直伴随着一些负面问题，但微商行业的发展速度仍然超过了其他行业。截至 2015 年，其市场规模就已经接近 2000 亿元人民币，全国微商行业的从业者接近 1500 万人。我们不能不慨叹，微商的魅力之大简直让人欲罢不能。

那么，为什么微商行业会如此兴旺，微商的吸引力会如此之大呢？

首先，这个行业的入门门槛不高，对于时间、地点都没有特殊要求，只要拥有一部能发微信的智能手机，就可以随时随地发布产品、接受咨询。因此微商的商家与代理们只需要做好自己日常的营销，就能轻松上路。

其次，微商的出现带给了普通人一个有生意可做、有钱可赚的机会。以往很多人都苦于没有渠道、缺乏资金，不知道该做什么样的生意。微商的出现打破了这些禁锢。不管你在生活中是什么样的角色，具有什么样的技能，在微商行业里只需要很少的前期投入，就有机会能做生意。

最后，微商所代表的移动电商正在逐渐成为企业产品销售的一条重要渠道。有别于以往的店面销售、电视广告和淘宝店铺，微商所依赖的移动社交平台，如微信等，几乎覆盖现代人生活中的全部社交网络，这就使微商产品的曝光度很高，关注度也很高。

在这些特点的综合作用下，微商行业对所有人敞开了大门。我们可以看到身边越来越多的人做微商，这就是微商的“巨大魅力”。

“90 后”小伙小侯有着一份非常稳定的工作，他在工作中练就了沉着冷静的性格。自从微商出现后，小侯就发现周围的人在不知不觉间都纷纷做起了“微生意”。小侯也有些心动，他观察了很久，最终决定进入微商行业。

一次，小侯发现原本工作稳定的表姐在微信朋友圈里发了一条关于某洗发水产品的内容。他询问表姐这是怎么回事，表姐告诉他这是她自己代理的一款洗发水，在自己的朋友圈和空间里面做推广宣传，销售情况非常不错。

当时的小侯听了虽然心动但还有些犹豫，毕竟这种销售模式到底有没有效果自己还没有亲身体会。于是他试着在自己的朋友圈和空间里面帮表姐做产品宣传，没想到竟然有不少朋友来询问产品。这下坚定了小侯的信心。不久后他就跟着表姐做起了“微生意”，在朋友圈和空间售卖表姐代理的产品。

小侯利用每天并不长的业余时间，通过电脑或手机来接订单、发订单。就这样，小侯慢慢当起了“微商”。从开始的一个月只能卖出几套产品，到现在一天就能接到三四个订单，小侯一个月下来也能挣到几千元了。

通过上面的案例，我们能够体会到微商行业的魅力所在，它让越来越多的人自愿加入其中，正因如此，才开创出如今微商行业的一片天地。

1.3　逐级裂变，微商背后的强分销体系

微商运营中的一大特色就是其背后的强分销体系，它是微商与其他电商的显著区别之一。我们都知道，在所有的营销模式，包括商业模式里，产品最终面对的都是消费者，而不是代理商。在从前传统的销售模式里，产品的销售其实是依靠代理商进货来完成的。然而对于代理商来说，手中批发的货怎么卖出去却是一个与产品厂商没有线性关联的问题。由于市场竞争加剧，加上产品同质化严重，因此代理商想要赚到钱必须靠自己。这就使小代理商们在市场上生存的空间很小，而且面临着巨大的压货风险。

而微商的营销模式恰恰改变了这种局面，它依靠的就是建立一个强大的分销体系。

微商的大分销体系

在微商的经营模式里，分销是最为常见的模式，如图 1-1 所示。微商分销模式的根本在于消费者既是用户又是分销商。他们不仅可以购买产品，还可以通过分享产品在别人购买时获得部分的产品收益，一举两得。

图 1-1　微商分销体系

微商的大分销体系基于体验后的分享，是通过返利来获取收益，即每一个产品都可以生成一个分享链接，每一个分享者都可以获得这个分享链接下的成交返利，只要用户有足够多的资源可以去分享这个链接，就可以获得源源不断的现金收益。这就是目前微商分销体系在平台上的应用方式。

2014 年 8 月，家纺品牌博洋家纺通过其官方微信公众号“博洋家纺微商城”发布了分销商招募公告（图 1-2）。公告称微信用户只需要将博洋家纺最新的产品信息推送至微信朋友圈，即可获取高额销售返点。据博洋家纺负责人介绍，博洋家纺此次招募分销商的数量在 200 个左右，且微信分销商招募初期，合作伙伴不需要缴纳任何费用。

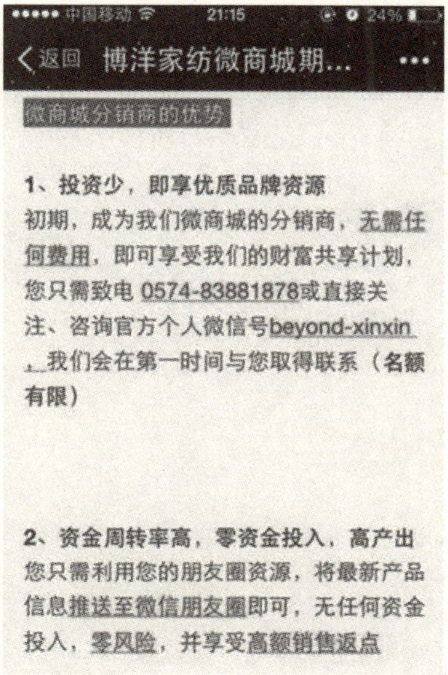

中国移动 21:15 24%

返回 博洋家纺微商城期...

微商城分销商的优势

1、投资少，即享优质品牌资源
初期，成为我们微商城的分销商，无需任何费用，即可享受我们的财富共享计划，您只需致电 0574-83881878或直接关注、咨询官方个人微信号beyond-xinxin，我们会在第一时间与您取得联系（**名额有限**）

2、资金周转率高，零资金投入，高产出
您只需利用您的朋友圈资源，将最新产品信息推送至微信朋友圈即可，无任何资金投入，零风险，并享受高额销售返点

图 1-2　博洋家纺微信分销商招募公告

博洋家纺微信分销的具体操作流程：分销商在自己的朋友圈内推送商品信息，如果有微信好友确定购买某商品，并打款给分销商，分销商再到博洋家纺微信商城下单，那么博洋家纺将以代金券的形式返点给分销商。

同时，博洋家纺在与分销商的合作过程中，更为鼓励分销商建立自己的微信店铺，而非单纯地在朋友圈转发商品链接。此外，博洋家纺还专门面向分销商推出了一个独立的微信服务号作为订货平台，分销商可以以代理价格在该平台拿货。为了平衡线上、线下经销商的利益，该微信订货平台的货源只包括博洋家纺的线上专供产品，不包括线下产品。

微商的分销体系和曾经的代理模式虽然从字面上看起来一样，但其实有着本质性的不同。微商的代理是构建在发展下线、囤货、出货的逻辑之上的。而分销体系更多的是鼓励分销者构建一个属于自己的流量中心，这个流量中心需要依靠分销者在社交网络上的话语权来实现流量的引入。它对分销者的要求更高，需要分销者拥有足够多的社会化媒体运营的知识和实践经验，并不仅仅是在朋友圈分享链接，还需要花大量的时间在社交网络中进行定向传播。只有这样，分销者才有机会获取源源不断的收益。

上述就是跟随微商出现的大分销体系的模式，它在微商发展过程中逐渐成形，取代了固有的代理模式，成为能够左右微商未来前景的重要支撑点。

微商分销 PK 微商代理

微商的代理模式已经发展得非常成熟。从一个产品的角度来说，只要发展足够多的微商代理就可以坐等收入了。而现实是，找到一个微商比找到一个精准顾客容易多了，而且一个顾客给产品带来的利润远不及一个微商代理，这就是为什么微商在发展代理时那么起劲儿的原因。

对于一个代理来说，他会认为不是在帮别人卖东西，而是在创业，卖自己的货，价格可以自己来定，利润也很可观。所以，微商代理在销售上会格外认真，每天宣传产品，这样不仅可以获得销售额，还可能会产生一部分下级代理，这就是我们常说的微商代理模式。

然而微商代理模式的弊端也显而易见。这种模式可能让微商与传销等同起来，从而被整顿。而且，囤货一旦卖不出去，势必会造成底层代理的大量流失。很显然，代理模式是一种不可持续的发展模式，对微商未来的发展并无好处，因为这种基于朋友间信任的卖货模式并不能持续太久。一旦产品出现问题，尽管买方碍于朋友关系不会过分追究，但也不会再买你的东西，这就使顾客的回头率基本为零。而对于陌生人，想要建立信任关系则更加困难，因为在没有任何监管的状态下，产品问题投诉无门，售后问题无法保障，这都增加了代理模式下微商销售的难度。

而分销模式则不然。一方面，相比于代理模式，分销模式可以说是微商营销的一种进步，因为第三方分销平台的出现使它引入了第三方监管机制，对于消费者来说无疑增加了信任感，价格也得到了统一，比起微商本身依靠信任和人脉建立起来的商业形态显得更加具有保障；另一方面，分销模式的投入成本并不高，而且也没有压货风险，是一种适合中小创业者加入的方式。

当然，微商代理模式与分销模式的并存应该是微商如今发展阶段下的现实。在未来，微商背后的强分销体系变得更加成熟后，代理模式的消亡也是顺理成章的了。

 微商分销体系三大要素

在微商的分销体系中存在着三大必备要素，**即消费、流量入口和分享传播，**它们是微商分销体系得以存在的决定性要素。

微商分销体系中的第一个要素是消费，即消费者的购买行为。微商所追求的终极目标就是让消费者进行购买。促成这种行为的主要因素有以下几个方面：**首先是目的性不强的浏览，它是用户最常见的购物行为之一。**在电商平台上总会有这样一个群体，他们并没有明确的购买目的性，却喜欢把时间花费在浏览商品上，这种行为在线下被叫做“逛街”。有数据表明，没有明确购物目的、纯粹只是为了满足好奇心的消费者大量存在，这类消费者由于购物的简便性会产生许多冲动消费的倾向。**其次，有一部分消费者的购买行为是依靠搜索来实现的。**搜索是 PC 电商时代消费者的最佳购物方式，在 PC 时代很多消费者已经养成了通过搜索来进行商品筛选的习惯，这样的习惯也顺理成章地延续到了移动电商时代。会通过搜索来寻找商品的消费者一般情况下都具有这样的特征：要么他们的购买目标十分明确，对产品非常了解；要么他们对某个品牌具有较高的忠诚度。

微商分销体系中的第二个要素是流量入口。目前，网络中的社交流量大多来自 QQ 空间、微信、微博等几大社交平台，微商所需要的用户流量也基本都在这几个平台上，因此这些平台无疑就成为微商引流的最佳入口。这些平台的特征保证了微商们的销售活动不受时间与地域的限制，具有很大的随意性，可以随时随地进行产品的销售。这些平台作为流量入口就是

微商分销体系中所必须依赖的场景。

微商分销体系中的第三个因素是推荐与分享。例如，当你刷朋友圈时，会经常看到一些朋友分享的链接、推荐的产品或晒一些自己购买后的产品。由于与你所认识的人的生活状态紧密相关，因此相比于粗暴的卖货行为，这种分享和推荐的行为会获得更多的好感，因为它是建立在信任基础之上的，这种信任会抵消产品销售所带来的抗拒感。推荐、分享在移动社交时代已经成为一种非常普遍的商品销售方式。

前文我们已经讲过，微商从某种意义上来讲是一种移动电商的模式，这就导致它势必要带有移动电商所特有的社交属性。微商就是要利用这种移动社交平台所带来的社交属性来实现销售。因此，其分销的行为就主要体现在分享和实现购买上。分享行为的出发点其实有很多，有的人会因为觉得好玩而分享，而有的人则因利益驱动而分享……无论出发点是什么，在分享行为中无形的口碑已经被建立起来，产品的销售也随之生成。

综上所述，其实微商的分销体系就是建立在这三大要素的基础上，它们融为一体，构建出微商背后的强大分销体系。

1.4 实体微商乃未来企业创新转型之路

从2015年下半年开始，我们发现很多微商品牌开始相继开拓线下渠道，做起了实体微商。不少人认为微商走实体所采用的是一种O2O的方式，即从线上微商到线下实体，最后再回归到线上。不管实体微商是否是一种O2O模式，不少微商品牌还是毅然决然地迈向了实体微商，尝试与线下实体接轨。究其原因，是微商的货源能够为线下实体店增加客流、提高留存率和复购率，而实体店则是天然的流量集散地，能够避免微商一味地靠刷朋友圈获取客源。无论如何，在微商行业未来的发展之路上，实体微商已经迈出了转型创新的第一步，这是一个颇为值得关注的现象。

微商行业的现实困境

为什么那些知名品牌的微商要走实体之路，这是我们首先需要弄明白的问题。尽管微商行业在近几年获得了巨大的成功，但在未来的发展面前仍然面临着很多困境，正是这些困境导致很多微商品牌寻求线下发展。

首先，在产品层面，我们发现有很多微商品牌的产品品质并不那么令人恭维。产品是一个企业发展的核心，如果这个核心品质不能有保障，那么企业的可持续发展动力便不复存在。整个微商行业由于缺乏有效的行业管理机制，导致大量假冒伪劣的产品充斥在用户的朋友圈内。很多产品缺乏权威检测机构的认证，销售品类也非常混乱。这些都导致了微商所销售的产品从品质上无法得到保证。

其次，微商产品同质化严重。同类型、同款式的产品充斥在不同微商及代理商之间，导致消费者很容易产生审美疲劳，对产品的兴趣度也急剧降低。

再次，微商固有的代理模式存在着严重的弊端。前文我们已经提到过，在线上的很多微商所采用的产品代理销售策略是以分级代理的模式海量招募代理商，从而实现铺货。然而微商们对各级代理商的管理非常松散，在产品品质无法保证的情况下，销售量便无法保证，因此造成了代理商们层层压货的窘境。

最后，由于微商行业内很多从业者急功近利，因一时没能赚到大钱或销售受阻便选择了放弃微商这个行业，导致大量微商团队始终处于不稳定状态，人员更迭、解散的情况更是家常便饭。

上述这些现实的问题使微商行业想要继续高速发展就必须做出相应的改变，因此在微商们创新转型的迫切需求之下，“实体微商”便出现了。

实体微商助企业转型

对于传统的微商而言，由于线上竞争越来越激烈，其生存空间已经被极大压缩。从本质上看，微商其实就是一个基于移动社交平台进行产品销售的行业。既然线上可以卖，那么线下也同样可以。

对于微商们来说，线下其实就是一条销售渠道罢了。而对于传统企业来说，它们拥有线下的销售渠道，然而受困于线上企业冲击，实体店的生存也非常艰难。那么走实体微商的道路，对于这些传统企业而言是增加了一条销售渠道。因此，从这个角度来看，实体微商对于微商企业与传统企业而言都是一条可以尝试的转型之路。

著名的微商品牌“艾灸”，于不久前发布了布局线下实体店的消息，通过嫁接实体资源完成了向实体微商转型的过程。“艾灸”的实体店渠道对准的是按摩店、美容院与药店。在它的实体店策略中，由于“艾灸”自身拥有固定的客户资源，因此按摩店、美容院这类实体店只需要增加一个“艾灸”项目就可以为店内顾客增添一个新的服务项目，加强自己店铺的竞争力；同时通过“艾灸”产品的功效改善调养顾客身体的内在，而美容院、按摩院则通过保健品、保健器材来调养顾客的外在，这种内外兼修的调养让“艾灸”与实体店能够获得双赢的结果。

而对于药店，“艾灸”只要求利用店内空置空间开辟一个单独的艾灸室，既卖药品，又做保健。艾灸的体验式方式是以防、养为主，而药店的药品是以治病为主，彼此既没有冲突又能够相互促进。通过艾灸带动药品消费，不仅可以增强实体店的竞争力，更可以切实地改善顾客健康状况。

在与“艾灸”仁艾贴合作的实体店中，有的店面月营业额高达30万元。

对微商来说，转型加入实体店销售渠道实际上只需要解决铺货问题，这样就能够获得不错的前景。因为微商的目标是让产品最终落到消费者手里，而实体店铺货其实就是在打开终端市场。实体店能够最直接地接触消费者，通过实体店引流而来的消费者就可以为微商们持续带来稳定的销量。

那么，对于传统企业特别是中小型企业来说，实现实体微商的方式与传统微商接入实体店有所不同。

一家线上、线下结合模式的微商实体展示店店主老王是一个60后的创业人。正如他自己所说，50多岁的人从实体的医药行业转行至微商，思想冲突曾经特别激烈。现在，他用这种创新的模式推广着自己的商品，同时还联合其他微商将商品展示在他的实体店，想用这样的方式“触电”微商行业，并越做越强。

10年前，老王的医药生意做得顺风顺水，有自己的生产企业。那个时候曾有朋友和老王提到过电商模式，可那时老王对电商不太信任，并没有采纳朋友的建议。

几年之后，老王发现传统行业的产品推广费用越来越多，可收效却不明显。整个行业的业绩在上涨，而他的企业业绩却在下滑，这表明问题出现了。直到2009年，企业当年的营业额与上一年相比下滑了20%，他意识到问题的严重性。这让他不能不重视那个过去曾经看不上的电商商业模式了。

2014年，老王接触了在广州、上海做化妆品销售的朋友，学会了一种全新的模式，叫做微商，是用微信进行产品营销。老王感到这是一个不错的营销方式，于是在2014年年底做出了一个决策：进入微商行业。他通过广告推广的方式找到目标客户群体，然后再加进微信朋友圈，将产品卖给这些人。

老王采用的方式是一种典型的实体店与微商相结合的实体微商模式，他的案例为很多中小型传统企业展示出了一个与微商相结合的转型标杆。

实体微商的真谛就在于线上与线下相结合，整合出一条既能让实体店获得更好的生存空间，又能够把微商从线上的竞争泥潭里拯救出来的道路。这条道路的前景如何需要时间去检验，但从销售渠道上来看，这种方式确实拓展了产品的销售渠道，打破了微商固有的朋友圈销售的狭窄局面，同时对实体店拓展客流也起到了积极的促进作用。

CHAPTER 2

第2章

论当下微商团队之怪现状

伴随着微商近几年的高歌猛进，市场逐渐被做大，很多微商从单打独斗发展到团队作战，微商品牌也崭露头角，他们以创建公司的形式经营自我，获得了巨大的成功。团队作战是微商行业发展的必经阶段，它符合行业或企业发展的规律，是一个企业做大做强的必由之路。

然而到了 2015 年，曾经在微商红海中叱咤一时的“大咖”们忽然感觉生意不像从前那么好做了：团队成员在大量流失，很多团队的管理非常松散，甚至很多出现了恶性竞争。这些都成为摆在所有微商面前的难题，并一直困扰他们至今。

为什么今天的微商行业在团队管理层面会出现这么多问题呢？一方面，微商行业发展得太快了，团队的管理体系、管理制度以及管理文化还没来得及建立；另一方面，很多微商的操盘手都是年纪轻轻的“90 后”，他们其实没有实际工作经验，也没有曾经跟团队一起奋斗的经历，因此当他们面对一个不断壮大的团队时，不知道该如何去管理。今天的微商在发展的时候之所以感到举步维艰，不是因为市场发生了变化，而是因为遇到了团队问题。

2.1　怪现状一：结构松散，团队管理无从发力

微商团队的稳定与凝聚力直接关系到微商自身业务的发展是否良性。而如今，大部分微商所面临的问题是团队组织结构松散，团队极不稳定。很多微商团队表面上是一个团队，但是在利益不明确的情况下，根本无法长期生存。有些微商虽然有组织，有团队，但是没有制订相应的规则，对团队没有约束力，因此就造成了整个团队比较松散，团队成员一盘散沙，让管理无从下手。同时，没有平台或者公司的约束与管制，微商团队成员缺乏归属感，这同样也是导致微商团队涣散的一个原因。

利益不明，团队不稳

很多微商团队的形成都是几个人合伙一起开始做微商的，在团队管理、业务发展、利益分配等方面也是从开始的配合默契、其乐融融，发展到偶尔口角，进而到不时争吵，最终发展为经常冷战。这是很多微商团队正在经历或已经经历的过程。

造成这种情况的原因很多，其中最重要的是利益不明确。利益分配不均导致合伙人之间开始你争我斗，最终有人出走或拆伙，以致团队元气大伤，这是很常见的结局。当团队有成员认为自身利益受到挤占或削弱时，就会马上提出异议，一旦团队不能够满足他的要求，那么就会面临结构上的不稳定状况。而这种负面的影响会形成连锁反应，最终导致团队解体。

没有制度，无法管理

在微商行业还没有像现在这般红火的时候，依靠野蛮的拼搏式突击还能够获得成功。但如今微商已经成为拥有千万从业者的行业，竞争不断加剧，模式不断进化，此时对微商团队的管理就提出了更高的要求。如果没

有规范化的管理体系，没有公司化的组织管理保障，一个微商团队势必难以走得长久。而如今的情况是，很多活跃的微商过去在公司经营方面的经验几乎为零，仍然采用着摆地摊式的小贩思维来维系团队，这就导致整个团队没有制度、没有约束、没有体系，因此便无从去管理。

企业管理的现实例子告诉我们，一个团队的管理如果没有相应的规则与制度，那么管理行为便无从实施。在很多微商团队中，由于核心成员之间的亲密关系，团队发展之初都是靠相互商量来解决问题。但是随着团队发展壮大，这种耳语式的方式显然不能满足管理的需要。然而很多微商们仍然坚持采用这种方式，这是不符合团队管理需求的。因此往往会感觉到力不从心，无以管理，团队也很快呈现出多种问题。

没有平台，没有归属

微商团队管理问题还具有的现状是很多微商实际上没有建立起一个稳定的组织架构，从逻辑上讲就是没有建立一个公司或者一个平台。由于微商行业门槛低，大部分微商在起步阶段实际上都是处于“裸奔”状态，没有建立平台也没有设立组织架构。但是随着团队的壮大，越来越多的人员加入，大家如果继续集体“裸奔”，显然是不现实的，这时候就必须要创立平台了。一个平台不仅能够让微商团队拥有一个稳定的组织构架，也能够让品牌商、代理商、消费者都找到归属感和安全感。

但是，很多微商，特别是中小型微商并没有这样去做，他们仍然停留在“游击队”打江山的状态，一味猛冲猛打，忽视了建设平台的重要性。当发展到一定的阶段，“游击队”的弊端就会显现出来，丧失了归属感与安全感的成员们产生脱队举动也是一个必然趋势。

综上所述，微商团队的第一怪现状就是团队结构松散，没有完善的制度与规则，管理无从发力。下面我们再来看微商团队管理的其他怪现状。

2.2　怪现状二：团队内战，恶性竞争自毁长城

随着市场竞争越来越激烈，产品同质化日益严重，个体微商一批批被淹没，取而代之的是大规模微商团队的兴起。但是目前微商行业的从业者们大多目光短浅，对眼前的利益过于执著。当现实的竞争开始加剧时，为了保护眼前的利益，微商团队内部就开始出现手段升级的恶性竞争了。

同宗代理，相互蚕食

微商的销售和其他销售渠道不一样，一般是有多个代理等级，依靠代理来维持销售。那么对于代理来说，想要获得更高的收益就必须能够销售出更多的产品。这就导致不同的代理之间其实已经存在着隐性的竞争关系。当市场处于良性的态势时，这种竞争被弱化，因为大家都能够获得不错的销售额。而当市场处于沉闷的态势时，这种隐性的竞争关系就会被放大。于是，同一品牌产品的不同代理之间为了自身利益开始使出各种手段，我们就看到了价格战、相互诋毁的现象不断出现。

价格战对品牌形象的伤害非常大，很多品牌的沦落都是因为代理恶性竞争，低价出售产品。同时，产品代理之间的内战对微商团队的伤害也是毋庸置疑的。它不仅瓦解了团队最重要的核心向心力，也给团队的其他成员带来严重的负面影响，这种影响到一定程度就会导致团队整体的土崩瓦解。

缺乏管理，内战不停

面对团队成员之间的恶性内战，大多数情况下微商团队的管理者是束手无策的，因为他们没有健全的管理机制，没有相应的约束方法，还是停留在口头的劝诫之上，对于恶性竞争的杜绝根本毫无用处。

很多微商团队由于发展过快，根本来不及建立约束体系，因此当发生

团队内战时就会措手不及。一旦没有在第一时间杜绝恶性竞争现象，那么，这种负面的行为将会在团队中迅速蔓延，最终遍及所有成员，不仅使团队分崩离析，还会导致品牌与产品最终失败。

从 2014 年下半年起，微商行业就突然爆发式地出现了很多品牌，2014 年 9 月—2015 年 1 月，微商新品牌如雨后春笋般冒了出来，几乎一天一个。这导致了大批新人涌入微商行业，赚到一笔钱后又迅速离开，而那些品牌也随之消失。其中最主要的原因就在于微商团队的新进代理们无视市场规则与团队利益，大打价格战，扰乱了品牌产品的市场价格体系，最终导致产品价值跟随产品价格一降到底，大量微商团队从此消失在人间。

2.3 怪现状三：成员流失，团队缺乏向心力

前文已经提到过，所有的微商团队在创始之初其实都只是基于买卖关系而建立的临时性组织，是一个基于品牌产品基础上的临时性利益共同体，因此团队成员间的关系并不紧密。后来，很多微商团队创建者为了加强团队成员之间的关系，引入了培训、活动的方式，然而微商团队本质上的松散性利益链所带来的仍然是团队凝聚力较差的结果。

团队利益捆绑，缺乏向心力

当一个团队只能够依靠钱维系的时候，往往是最容易被破坏的。很多微商团队创始人的体会应该都很深刻，一个微商团队往往是在产品卖得好时热闹非凡，而当产品的销售出现起伏后，团队里的成员马上就作鸟兽散。这个时候团队创始人会发现培训的出席率不到 20%，活动也提不起团队成员的兴趣，在这种情况下，团队成员流失大半再正常不过了。

很多微商团队经过一段时间的成长后做到了千人团队、万人团队。但随着团队规模的不断扩大，人员流失的情况也越发严重。尽管在团队发展

的过程里，优胜劣汰是很自然的事情，但过高的人员流失率却不应该发生在一个健康的团队身上。

究其原因，是团队利益捆绑的模式造成了微商团队人员流失的窘境。当团队仅仅依靠利益牵绊而捆绑在一起的时候，往往缺乏团队的向心凝聚力。一旦当利益不能满足团队成员胃口的时候，势必就出现上述的凄惨情形。

另外，还有一个很大的因素就是，我们经常会看到，当团队中某一个成员离开了团队去了一个新的地方，这个团队中的很多人也都被带走了，团队创建者只能眼睁睁看着这些成员被别人挖走却无能为力。随之而来的就是团队里的所有人都在蠢蠢欲动，都在考虑要不要也换团队，要不要去他们的团队，这个团队到底还行不行……团队创建者在尽力挽救危局，而成员们则在考虑要不要离开，多么具有讽刺意义的画面，然而它却真实地出现在微商的世界里。这是因为团队里的人没有凝聚力，有的只是利益羁绊。

消极的相互影响，让团队日渐消沉

造成微商团队人员流失的原因还有成员之间相互的消极影响。有的微商团队成员长期销售业绩不佳，于是就会在群里抱怨，散播各种消极情绪。在他的影响下，其他人也会开始跟风抱怨，说：“同病相怜呀，我也好久没开单了。”“咱们团队有做得好的吗？”这样的言论一旦发展下去就会让整个团队的头顶乌云密布，有的人就会想：“原来大家都做得不好啊，是不是产品不行？是不是我们的方法不行？怎么看人家其他微商就卖得很好呀……”这就是团队成员分崩离析的前兆。

其实任何事情都有因果关系。如果团队活跃度低，人员大量流失，团队最终散伙，原因到底是什么呢？为什么团队活跃度低？为什么团队成员没有积极性？为什么成员要离开团队？作为团队的创建者有没有想办法激发成员的积极性？有没有关心过成员的需求？在团队的管理方面是不是存在着问题？答案一定是肯定的。造成团队大量“失血”最根本的原因就出现在微商团队管理层面。

缺乏管理，团队“失血”严重

很多微商对团队管理仅仅是停留在表面，实际情况是没有管理的，状态就是有钱的时候大家聚在一起，没钱了则各自散去。

很多微商团队没有把团队管理当一回事，他们过于急功近利，看重短期利益并以此为发展目标，这显然是不符合商业发展规律的。但在这里面有很大一部分与团队领导者的创业素质相关，如果一个微商团队的领头人都只想着自己多赚钱，没想过长期持续发展，那么他手下的团队又怎么能够有更远大的目标，企业又怎么能够有可持续发展的基因呢？

正是在这种短视的思维模式下，微商团队上至创建者，下至普通成员，都不会去想关于团队发展的问题，那么团队管理当然就被束之高阁了。然而一个微商团队想要持续做大做强，没有管理的跟进是万万不行的。

2014 年，随着微商市场的扩大，开始有一些小品牌化妆品厂家盯上了微商。此时，正是微商行业的一个大发展时期。于是各种之前赚钱的微商摇身一变成为各品牌的地区总代理，随即有更多的人进入了这个行业，成为各级分代理。但是没过多久，由于市场竞争激烈，一些品牌的产品开始呈现销售堪忧的局面。这些产品全部压在了中小代理商和零售商的手里，最终导致这些微商团队的集体崩溃。这种情况其实是可以避免的。但是由于微商们管理无力，管理层毫无管理经验，在销售出现问题时不清楚该如何带领团队走出困境，最终导致了大量团队成员离去，微商品牌也遭受了重创。

在经历了混乱不堪的市场竞争后，一些头脑比较清楚的微商出现了，他们开始明白朝着专业和规范化的方向建设微商队伍才是自身做大做强的唯一途径。于是这些微商对团队成员的分工开始趋向合理化，有专门从事分销的人员，也有专门从事零售的人员，同时还有从事组织管理的人员以及负责专业培训的人员。这些趋于理性的微商们开始仔细考察产品的品牌实力和与其对应的微商团队的管理能力。这才是一个正确的开始，也是微商团队走向专业化、标准化的开端。于是我们看到了很多当时还不怎么出名的微商品牌现在已经变成了微商巨鳄，他们的团队向心力强、战斗力旺盛，同时人员流失率能够被控制在一定的标准之下。

微商要做好，不仅要懂得怎样获取海量粉丝、活跃朋友圈气氛、营造个人专业形象等，团队领袖更要学会团队的管理、团队制度的建立以及团队结构的设计，这才是微商团队成功的正确法则。

2.4　重塑团队，从孤胆侠客走向名门正派

面对如此严重的来自团队的问题，微商应该如何去应对？毋庸置疑，必须要引入团队管理机制。它不仅是保证团队战斗力的唯一方式，同时也是保证业绩快速、稳健提升的最简单、最高效的方法。微商们必须要学会通过团队来实现裂变，通过团队管理来提高自身的营收能力。

那么微商的团队到底应该如何管理呢？其实很简单，就是建立企业化管理制度，采用企业管理团队的方式与方法。这就涉及微商团队管理的企业化问题。如何企业化？说起来简单，但其实做起来并不是那么容易实现。

所谓微商团队管理的企业化，并不是让微商的创始人都去学习管理学，而是要掌握企业团队管理的思维，用这种思维去定向自己的行动。因此我们必须先思考一个问题：什么是团队？如果一个微商想要管理团队，却连团队的概念都不明白的话，那么管理的结果就可想而知了。团队的概念是一切与团队有关的管理行为的基础，对于它最简单的理解就是，以前是微商创始人一个人干活，而现在是一群人帮着干，这就是团队。

从团队的概念里我们应该看到，形成团队最重要的原因在于让工作效率得到有效提升，并放大工作能量，改善工作结果。举个例子，现在已经尽人皆知的马云，他的团队里就有著名的“十八罗汉”，如图 2-1 所示。正是由于这样一个团队的存在才成就了今天的马云，也成就了阿里巴巴公司。

图 2-1　马云与“十八罗汉”

1999 年，在一个名叫湖畔花园的小区，18 个人聚在一起开了一个动员会。家徒四壁，屋里只有一个破沙发摆在一边，大部分人席地而坐，马云站在中间讲了整整 2 个小时。他说：“我们要做一个中国人创办的世界上最伟大的互联网公司。”

公司的启动资金是 50 万元，是 18 个人一起出钱凑的。马云并不是没有这笔钱，但是他希望公司是大家的，所以 18 个人都出了钱，各自占了不同比例的股份，写在一张纸上，很简短的英文。签上名字之后，马云让大家回去把这张纸藏好，从此不要再看一眼。

在很长的时间里，这些人每个月只拿 500 块钱的工资，在湖畔花园附近租房子住，有的两三个人一起合租，有的索性住进了农民房，吃饭基本就是 3 块钱的盒饭。

正是这些人创造了阿里巴巴，他们被称为“十八罗汉”。10 年后，阿里巴巴公司上市，在上市当天就成为一家市值超过 200 亿美元的中国互联网公司。

如果没有“十八罗汉”，马云只靠自己很难获得现在这样的成就。由此我们可以感受到一个团队所爆发出的巨大能量。让我们再来看下面这个案例。

小天鹅火锅在 2001 年刚刚进入云南和贵州市场时，并没有吸引很多人的关注，从市场份额和顾客忠诚度来看，与同样是全国餐饮百强的云南大滇园火锅相差甚远，但是在核心团队成员的领导下，小天鹅火锅在短短两年的时间里就发展成为云贵餐饮市场的中坚力量。

小天鹅火锅成功，是因为背后的团队具备了优秀团队的种种优良品质。当时作为投资方代表的陈阿鹰年仅 25 岁左右，而职业总经理李鸿伟在那时候更是才 22 岁，就是以他们为核心成员的团队打造出了云贵火锅界的一段精彩传奇。由于团队的向心力强，在市场初期生意惨淡的日子里，小天鹅火锅的员工们自发地 AA 制消费自家餐厅的火锅；如果遇到员工生病，团队会自发积极捐助；在团队培训的福利中，公司每年都花 15 万元作为员工学习深造的固定投资；在以顾客为核心价值的经营理念里，他们将每位在册的顾客的终身价值精准地评估为 57 万元。正是在这样一个凝聚力强、行动高效的团队努力下，小天鹅火锅取得了成功。2004 年，小天鹅云贵公司改组为云南新龙门实业公司，并投资 2000 万巨资打造了云南餐饮业最具品位的新龙门大酒楼，被誉为“云南人的会客厅”。

如果再做一个比喻，我们可以把微商比喻成侠客，把微商团队比喻成帮派，那么现实就是任何一个侠客都绝对不是一个帮派的对手。也就是说，一个人的能力是有限的，时间是有限的，个人的影响力同样也是有限的，所以个人在这些方面与团队进行比较的话无疑都处于劣势。《西游记》里的孙悟空实际上就是一个由个人奋斗失败后转向团队并获得成功，最终实现个人价值的经典案例。

综上所述，在微商团队的企业化管理层面，微商的创始人们必须清楚，自身想要做大做强，首先必须依靠团队的支持，必须要打造出一个强有力的团队；其次，团队还必须是有激情、有活力、有向心力的；最后，团队的凝聚力、执行力、协作力同样是打造团队的重要部分。

2.5 管理纠错，微商团队管理“七剑下天山”

那么，微商团队管理应该如何去做？应该如何去纠正已经犯下的错误，打造出健康的团队呢？我结合自身多年的团队管理经验，把微商团队管理分为了 7 个部分，取名为“七剑下天山”，如图 2-2 所示。

所谓的“七剑下天山”，实际上是我根据目前微商团队管理所遇到的瓶颈和盲区，结合了传统企业团队管理的方式方法，列出的最简单有效的微商团队管理的 7 种方法，希望这些方法能够帮助更多的微商来解决当下所遇到的困难。

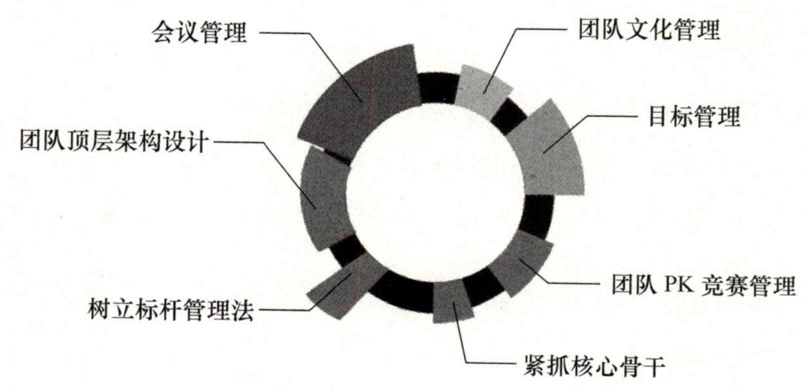

图 2-2　微商团队管理“七剑下天山”

“七剑下天山”的内容包括从微商团队最基础的会议管理到团队顶层架构设计，从核心骨干培养到团队 PK 文化的养成，从团队目标管理到团队文化管理，以及树立标杆管理法等 7 个方面。这些都是微商团队管理的核心内容，微商们能够从中学会如何通过有效的管理方法、管理工具、管理手段快速提高自身团队的执行力和战斗力。

通过对微商管理 7 个方面的全面阐述，我希望能够给当下正面临团队困境的微商们提供一些团队管理建设的思路与方法，帮助微商走出团队泥沼，变被动为主动，最终能够获得团队管理所带来的团队战斗力增强、销售业绩提升等种种好处。从下一章开始，我将详细为读者带来微商团队管理“七剑下天山”的核心内容。

第3章 微商团队管理修炼七剑之第一剑：会议管理

会议管理作为微商团队管理“七剑”中的第一剑，显然是非常重要的，这是因为，如果今天的微商不会开会、不会讲课，那么就可以断言他肯定做不好微商。微商的领袖们必须是会议高手、顶级讲师，只有具备了这些能力才能够成为一名出色的微商。当然这些都不是本章需要探讨的问题，本章的重点在于团队会议管理层面如何进行管理。

3.1 会讲课更要会开会，微商团队会议管理三部曲

作为一名微商，想要实现团队质量的提升，对会议管理就必须要精通。那么在谈会议管理之前，首先必须了解会议管理的重要性。开会是一个团队群体沟通最主要的方式。在企业里我们经常会看到这样的现象：企业的领导们大部分的工作时间是用在人际的协调沟通上，各类会议占去了绝大部分的时间与精力。这很显然是有原因的，领导通过开会的形式与团队成员实现沟通的目的，一方面了解团队的现实情况，另一方面部署接下来的工作。

每个微商都幻想着自己能够拥有一个“梦幻般的团队”，做事高效，会后第一时间行动，齐心协力把问题解决。这种团队的执行力可谓超乎寻常，但问题是，微商们扪心自问是否拥有这样的“梦之队”，答案往往不尽如人意。绝大部分时候让微商们最郁闷，甚至痛苦的是不管开了多少会，基本上说的都是“重复”的话，讲的都是“重复”的事。这意味着会议的效率十分低下，往往是开了也等于没开，因为事情没有解决，问题还是问题。

因此，在谈到会议管理之前，先要知道如何开会。很多微商的创始人可能都是讲课高手，但并不一定会开会。

在我的第一剑中将会议管理分为三部曲（图 3-1）：**第一部分是线上培训会议，第二部分是线上管理会议，第三部分是线下会议。**从中我们可以看到，实际上线上会议包括两种，其一是培训层面，其二是管理层面，再包含线下会议，一起组成了会议管理的 3 个方面。

图 3-1　会议管理三部曲

很多微商的会议体系中都有线上会议，但是却缺少线下会议。另一种现状是，很多微商有线上培训会，但是没有管理会，没有团队业绩考核会，没有目标会等。因此在会议类型上造成了偏颇与失衡，间接影响到了团队的稳定，造成了团队成员流失、业绩下滑的局面。

不同类型的会议需要解决的问题不同，所传递的信息内容不同，因此呈现出的效果也是不同的。例如，线上培训会议的目的是对团队成员进行培训，是一个教授方法的会议；线上管理会议则是总结过去、计划未来的一个目标型会议；而线下会议则是微商团队做大做强的必由之路。作为一个合格的微商团队领导者必须要建立起成熟的会议体系，把不同类型的会议融合一体，才能够最大限度地刺激团队、激励团队。

3.2 线上培训会议：教授生意心经

微商的线上培训会议（图 3-2），顾名思义，就是微商为团队成员进行技能培训的会议，且会议的整个过程是在互联网上完成的。会议的内容涉及销售技能培训、客户沟通技巧培训等诸多方面。培训其实就是教授方法的过程，它是把微商创始人所具有的微商运营、销售、沟通等各方面技能传授给团队成员，让这些技能实现十倍、百倍的裂变，使团队个体增强战斗力，继而提升整个团队的能量。

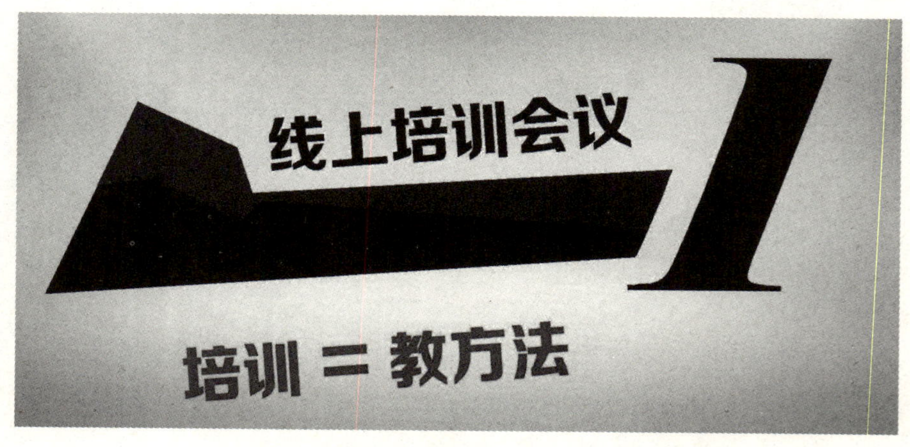

图 3-2 会议管理第一部曲：线上培训会议

控制开会频率，提升团队素质

在微商行业快速发展的大背景下，我们可以看到，越来越多的人加入微商。这些新人由于刚刚入行，对微商的很多情况了解甚少，甚至可以称之为“小白”。面对团队中的这些小白，培训就显得尤为重要。

很多团队失败的案例都因为线上培训会议无法坚持下去。团队成员抱怨创建者把他们聚集到一起却没有上过哪怕一节有效的培训课，仿佛随便什么人加入团队都能够做好微商似的。事实上，微商的生意对一个人的素质要求非常高，它是一项需要具备综合技能才能完成的工作。因此当团队成员的个人技能还不能达到要求时，持续对他们进行培训就成为当务之急。

持续进行培训所带来的好处不仅是可以提升团队成员的个人能力，同时还可以提高整个团队的素质。试想，当团队成员都成为一等一的高手时，团队就距离打遍天下不远了。但一定要注意控制培训会议的频率以及开会的间隔期。适当频率的会议既能够保证团队成员得到持续的培训，又不会使成员们产生逆反心理。线上培训会议的召开频率最好能达到每周至少两次。保持这样一个开会的频率有利于培训的持续性，同时对于培训效果能够起到积极的延续作用。

对于会议的间隔期而言，首先，应尽量使会议能够在每周固定的时间召开，养成团队成员的培训习惯；其次，两次会议之间的间隔时间最好为 3 ~ 4 天，这样做的好处是既给接受培训的成员留下了消化培训内容的时间，又不会因为培训间隔过长而削弱了培训的效果。成员能够利用几天的时间进行充分的思考，并把对其自身有用的内容转化到实践行为里，有足够的时间用实践来检验培训成果，并反馈问题。

线上培训方式的好处在于不受地域的限制，只需要确定一个固定的培训时间即可。此外，它的形式更为灵活，会上的交流与互动更加自然，特别是对于性格腼腆的成员，线上培训的方式更为适合。召开这类培训会议对组织者来说并没有太大难度，也无需付出额外成本。因此，作为微商团队的领导者一定要坚持把线上培训会议办下去。

 整合会议内容，保证每次都有料

培训内容是微商团队的领导者应该重点考虑的问题。一般情况下，微商的培训会议都是以经验分享为主，可以是领导者自己进行分享，也可以邀请微商大咖分享，或者内部精英分享也可以。

培训的内容其实可以分为很多种，如心态培训、微商技巧培训、团队管理培训、沟通技巧培训、推广技能培训等。培训者应当在每次培训中都确定主题，把不同类型的培训内容融入教学。要知道内容越广泛，培训越有效。

一般情况下，微商团队培训内容包含以下几个方面。

第一是产品，其中包含产品的功能、卖点、使用效果、品牌实力等。培训的目的是让团队成员充分了解产品，对产品的方方面面做到了然于心，这使他们在今后的销售过程中能够把产品优势更好地展示给客户。

第二是店面管理。很多人说，做微商哪有店面？其实不然。相比普通人而言，微商的朋友圈不再是普通的朋友圈，微商的 QQ 空间也不再是普通的 QQ 空间。因为 QQ 和微信一旦加了陌生人，他们可能就是客户，对微商来说，他们就组成了市场。因此，微商的朋友圈和空间是开在市场之上，如果不严格按照市场的要求去做，那就是摆地摊，而不是开专卖店。

第三是市场推广。市场是商品经济运行的载体，它具有以下几个含义：**一是商品交换场所和领域，二是商品销售者和商品消费者之间各种经济关系的汇聚中心，三是有购买力的需求，四是包含着现实顾客和潜在顾客。**正因如此，市场推广就成为微商需要重点培训的内容之一。它分为线上与线下两部分。线上是通过微博、陌陌、微信、QQ、豆瓣、贴吧、视频网站等进行推广，线下则是通过广告推广。

第四是营销与沟通。它一般分为 3 个阶段：**沟通前的准备、沟通过程**

以及后续的分析归类。

第五是客户关系维护。这里面包含客户的基本信息、聊天的基本内容、给客户发货的地址等。

上述这些就是微商团队培训的主要内容，当然你也可以把更多认为合适的培训内容放入培训会议中，让团队成员在更多方面获得提升。

有一点一定要特别注意，那就是每次的培训内容一定要有料。要注重实操性，一些不能落地实行的长篇大论对学员能力的提升并不能起到积极作用，所以尽量不要出现在时间有限的培训会议上。同时，在分享的内容里还要有具体的案例作为辅证，这样才能做到有理有据，让人心服口服。

了解会后反馈，保证随时调整

线上培训会议最重要的任务是让团队成员学到与微商有关的一些技能，因此学习的效果格外重要。很多微商培训会议开的时候大张旗鼓，但是结束后学员往往很难学以致用。这其中有很多原因，例如，学习的内容与学员需求不匹配，又或者学员的接受能力限制了学习成果的发挥，等等。

因此，在我们的微商会议管理中，对会议效果的跟踪是一项基本程序。这就需要微商团队的领导者在会后通过各种方式去了解团队成员对培训的反馈意见，并根据这些意见来随时调整培训会议的内容与形式。了解会后反馈的方式有以下几种。

第一，微商团队的领导者可以在培训会后通过单独私聊的方式向一些团队成员了解培训感受，并重点解答学员所提出的疑问；第二，会议组织者还可以预先设计培训会议反馈记录表，在培训结束后下发至每一位团队成员，通过学员们对记录表的填写情况来对培训效果做出判断；第三，会议组织者还可以在会后以活动的方式来获得学员们的反馈。活动的方式形式比较轻松，容易调动起团队成员们的参与积极性，因此也不失为一种很好的反馈收集方式。

在微商的会议管理中，之所以要重视会后反馈，一方面是为了检验团队成员的学习效果，另一方面则是为了根据反馈来对培训内容进行调整。通常团队的管理者都会事先做好一段时期内的培训计划，大部分按照这个计划来实施培训，但却忽视了针对不同类型的学员，计划内的培训内容未必全都适用。一旦培训内容与学员接受程度之间出现了偏差，那么培训效果就不令人满意。这就是我们所说的根据反馈调整培训内容的原因。

3.3 线上管理会议：总结过去，计划未来

在我们的会议管理三部曲中，线上会议的另一个组成部分是线上管理会议。当团队领导者通过培训的方式把微商的技能与方法传递给团队成员以后，就到了检验这些方法执行情况的时候了，要看这些培训内容在实际的工作中是否结出了理想的果实。这个检验的过程就需要通过管理会议来实现。

总结过去

线上管理会议是干什么的呢？其实就是总结过去、计划未来，让团队成员们把以前所做的工作做一个总结，然后把接下来需要做的工作做一个计划，如图 3-3 所示。其核心就是“统一目标，统一思想”，共同完成团队的大目标。

总结过去是这类会议的第一个议题。它是对团队成员一定时期内的工作加以总结、分析和研究，肯定成绩，找出问题，使团队及个人获得经验教训，同时摸索出一些适合团队及个人的，更好的发展方式及方法。它所要解决和回答的中心问题不是某个时期要做什么、如何去做、做到什么程度等，而是对之前工作实施的结果进行鉴定并得出结论，让团队与下属成员能够对以往工作中出现的种种情形做到理性认识。

图 3-3　会议管理第二部曲：线上管理会议

总结过去对于微商来说是开展工作的重要环节。通过它不仅可以全面系统地了解团队以往的工作情况，正确认识工作中的优缺点，还可以明确下一步工作的方向，让团队少走弯路，少犯错误，提高工作效率。

会议中的总结部分还是由个体认知向整体认识过渡的重要手段，是感性认识上升到理性认识的必由之路。总结能够使团队的每个成员对市场的零星的、碎片化的认识与了解综合到一起，形成一个全面的、系统的市场全貌，并通过每个人不同的总结内容发现其中隐含着的共性，从而找到一些工作规律，并为今后的工作里能够更好地运用这些规律打下基础。毛主席就曾经指出，一个领导者的责任就是不断指出斗争的方向，规定斗争的任务，而且必须总结具体的经验，向群众传播这个经验，使正确的获得推广，错误的不致重犯。我们的会议总结部分正是因此而存在的。

关于会议总结部分的内容，总的来说，一般包括以下几个方面：**首先是团队成员个人的基本工作情况，它包含工作的相关条件、工作任务的完成情况、近段时期内的主要问题以及一些辅佐数据等；其次是工作的成绩与不足，这是总结内容里的中心重点，因为进行总结的目的就是要肯定成绩，找出缺点；最后就是经验与教训，团队成员应该在进行总结时思考在工作中获得的经验与失误所带来的教训，这有利于今后工作更加顺利地开展。**

计划未来

线上管理会议的第二部分内容就是计划未来，直白地说，就是为团队今后的工作设计一个计划。工作计划在实际工作中是非常实用的，它可以让团队成员能够认真地思考自己的工作内容。从广义上讲，工作的方方面面其实都会涉及工作计划，微商的工作也不例外。

对于计划未来的好处，我们可以从以下几个方面来看。我们都知道，“凡事预则立，不预则废”。制订未来的工作计划就等于明确了未来的工作方向和方法，能够让团队成员指哪儿打哪儿，而不是先射击后画靶子；同时，工作计划的存在迫使团队的各级领导者必须花时间和精力去思考未来的各种情况，从而促使了各种沟通、思考、预测等行为的产生；除此之外，计划还能够使团队成员改善团队运行的效率；最后，计划还为团队各层级管理人员的日常考核和工作把控提供了最基本的依据与标准。

在计划未来部分，最重要的是确定未来一段时期内的工作目标。要特别注意，这个目标一定要具体，要能够量化衡量；目标要有明确的时间限定，同时不应该强调活动，而是强调成果；会议上制定的目标要切合实际并能够实施，同时还要具有挑战性，不能定得过低；责任人要明确，目标应该尽量由责任人自己来制定，通过讨论最终确定下来。

制订未来计划时，团队成员应当清晰地把工作分成几大项，同时合理安排好各项工作的完成时间，分清主次，这样做有利于工作效率的提升。在制订工作计划时，可以重点从以下3个方面考虑：**首先，确定自己下一个时期的工作所涉及的范围，并逐一列出工作项；其次，结合之前的工作结果，找出每项工作的不足之处，并思考改进的方法；最后，根据在工作中获得的经验归纳出未来工作的改进方法，在这个环节要敢于创新、大胆创新。**团队成员要思考在工作中应该做什么、不应该做什么、怎么做才能更好等一系列问题。同时，在制订计划时要注重细节。曾经有这样一个故事：一匹战马因为丢了一个马掌而失去了一条马腿；由于失去了一条马腿，它在战场上摔伤了马背上的将军；由于将军受伤，一次重要的战役失败了；而正是由于这次战役的失败，国家的主权丢掉了。由此我们可以看出，细节其实是决定胜负的关键力量，它的能量比我们想象的要大得多。

因此，在进行未来规划时，一定要重视细节，力求计划的完善性。只有这样才能更好地用计划来指导未来的团队工作，才会达到省时省力、事半功倍的效果。

实际上，明确的目标对团队成员具有很大的激励作用。一个好的微商团队领导者应当把制订计划的过程看作一个动员团队成员的过程，通过制订计划、明确目标，鼓励团队成员为实现目标而奋斗。

3.4　线下会议：团队壮大后的必然之路

本章会议管理三部曲的最后一个部分就是线下会议（图 3-4）。它是针对团队规模超过一定数量级后，由于团队人员众多、线上组织会议的难度变大而出现的会议形式。

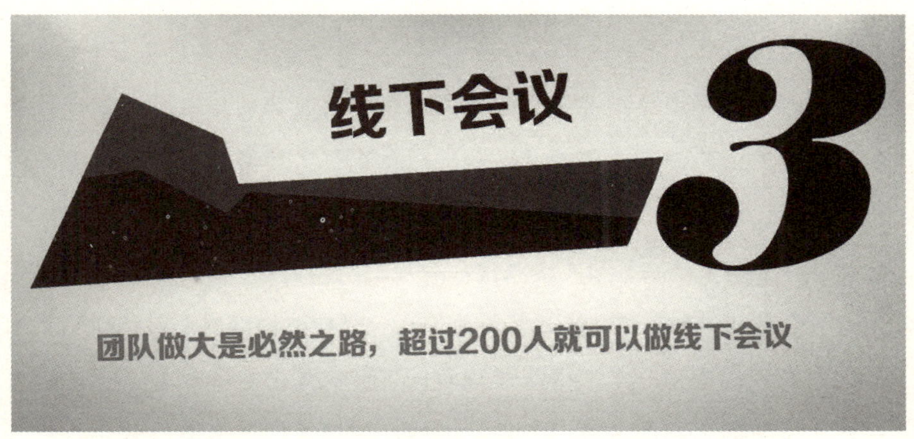

图 3-4　会议管理第三部曲：线下会议

线下会议规模条件

微商团队根据发展情况不同，规模也呈现出很大的不同。有的微商团队人员仅为几十人，而有的却能够达到成百上千人，更有甚者甚至超过万人。

很显然，组织几百人同时去参加线上会议难度就已经很大，更何况几千人。无论从会议组织还是参与方式、时间等环节都会有很大的不确定性，因此才会有线下会议模式的出现，它实际上也是微商团队发展壮大的一个阶段性会议模式。随着越来越多人的加入，团队渐渐做大，当团队人数超过 200 时，线下会议模式就可以启动了，这就是我们经过长期经验所得出的线下会议的团队规模条件。当然如果读者问“我的团队人数只有 100，能不能做线下会议呢”，答案也同样是肯定的。如果团队规模超过 100 人，同样也可以召开线下会议。

线下会议优势

一个好的微商团队领袖不仅应该具备熟练操作线上会议的能力，更应当拥有线下会议的驾驭能力。但线下会议是很多微商所忽视的，或者说没有能力去实现的一种管理会议形式。

微赢公司诞生于 2014 年 12 月，在不到一年的发展过程中，已经成长为微商界内最负盛名的微商公司之一，旗下 2 款保健类产品——1 度眼贴和凝好女性私密养护套盒也接连创造了微商行业的销售神话。种种辉煌，是因为全体微赢团队一直以来默默地进行坚守与付出。也正是他们的不懈努力缔造了“微赢崛起”的奇迹，让整个中国都看到了行进中的移动互联网企业所具有的无限激情与潜力。

微赢之所以发展这么快，是因为拥有一个核心的秘密武器，那就是把重点放在了线下会议上。微赢团队的线下会议效果非常显著，公司的大部分业绩实际上都是由线下会议产生的。这恰恰就是微赢团队和其他微商团队不一样的地方。

微赢通过线下会议，让团队成员之间快速建立起感情，同时也快速建立起信任感；通过带领团队成员参观公司、工厂的方式加深团队对公司的了解、对产品的理解以及对公司的信任；最重要的是，团队成员还可以在线下会议上见到微赢集团的创始人，见到集团内的所有老师。这样一来，团队成员对公司有了信任，忠诚度就会非常高。也正因如此，微赢团队的业绩有着稳定的保证，并且团队的凝聚力、稳定性非常强。这就是微赢成功的秘诀。

通过上述案例我们可以看到，线下会议的方式可以快速凝聚起微商团队的士气，统一团队思想，尤其是在团队军心涣散的时候，更应该通过线下会议的方式鼓舞团队成员，带领团队从逆境中走出来。

线下会议带来的好处有很多。

首先，系统性很强。当需要将一个新的产品或者一整套成体系的理念系统很全面地分享给团队成员，并且这种产品或者理念较为复杂时，线下会议就是最好的分享渠道。

其次，召开线下会议，通过其影响力树立微商团队在行业内的地位，这不失为一个快捷的方法。在企业发展的过程里，类似的案例有很多。如曾经有一家农业仪器行业的仪器制造企业，5 年前还默默无闻，但就是通过举办和协办大量的线下行业会议，现在已经成为行业的领先企业，年销售额过亿元。线下会议有助于微商的团队树立行业内的权威地位，同时对微商品牌也是一种变相的打造。

最后，面对面交流，可以让团队成员贴近公司。面对面地沟通，一站式完成产品推荐、经验分享以及技能培训，这一点是任何方式的线上会议都难以做到的。

综上所述，线下会议是团队士气快速凝聚、团队执行力快速提升、线下快速传递新的产品内容以及快速招商的最好方法。当一个微商团队既能做好线上会议又能驾驭线下会议的时候，它就会变得非常强大，非常全面。

从另一个角度来看，当下所有微商的症结、所有微商需要解决的问题都只有通过落地线下的方式才能够找到解决方法，这也是线下会议在微商会议管理里占据如此重要分量的一个原因。

线下会议操作方式

从大方面来说，微商线下会议的操作可以分为 3 个步骤。

第一步是确定参加会议的人员。这一步骤可以通过团队领袖向下属各级代理发送会议邀请函的方式来完成。如果参与人员过少，则需要考虑如何增加参与人数；如果参与人数过多，则需要对会议方案进行部分修改。

第二步是线下会议的实施。它包含确定会议的时间、地点、会议流程，完成会场布置、人员安排，在与会当日确保会议顺利进行。

第三步是会议效果的追踪。与线上会议相比，线下会议的效果反馈更加重要，因为举办会议的成本更高，人力物力的投入更大，因此会议效果是线下会议唯一追求的目标。为了确保这一目标能够达成，就需要在会后进行效果追踪。

以上我们简要地介绍了线下会议的操作模式。其实与大多数营销型会议类似，微商团队的线下会议同样以提升团队销售业绩为目标，因此其核心仍然在于会议的内容层面。如果能够拿出过硬的会议内容，那么线下会议的效果也就有了保障。

这就是本书微商团队管理的第一部分：会议管理。会议管理对于微商来说是日常工作里非常重要的部分。微商的领导者应当把会议管理当成一项长期性的工作来看待，而不仅是一个实现与团队沟通的方式而已。纵观那些成功的微商团队，它们都各自拥有一套完善的会议管理机制，对什么时候应当开什么样的会议、会议的效果如何，都能够做到心中有数。因此我们说，把会议管理运用自如才是一个微商团队走向成熟的标志。

CHAPTER 4

第 4 章

微商团队管理修炼七剑之 第二剑：团队顶层架构设计

微商团队管理的第二个利器就是团队顶层架构设计。为什么要把团队顶层架构设计的内容放在第二的位置？原因就是从如今的微商行业中我们能够看到，微商遇到很多问题时，如当团队成员流失时，当团队内部出现不稳定征兆时，当团队结构开始趋向于松散的时，其实首先应当检讨的是团队领导者自己。

可以这样说，导致上述问题出现的很重要的原因都在于微商团队管理里的团队顶层架构设计层面。因此，本章我们就要从企业团队管理的角度来看看微商团队的顶层架构应当如何设计。

4.1 顶层设计：组建微商团队背后的助力团

微商的团队领导者必须明白，微商团队实际上并不是单纯的销售团队。尽管团队的任务是提升产品的销售额，但在团队成员的构成上并不是一成不变的销售团队模式。这就像打仗一样，将军带领士兵出征，队伍里不能光有士兵角色，没有后勤保障岗位的支撑，战斗也很难获得胜利。

因此，团队领导者需要扪心自问，在团队里是否有为团队做配套的角色？是否有为微商团队做服务的角色？这些角色包括讲师、客服、推广人员以及物流负责人员等。如果一个微商团队中没有这些角色，也就意味着所有的活儿都是团队中负责在第一线战斗的“士兵”来干。那么可以想象，让一个冲锋陷阵的士兵既要白天战斗，又要晚上做饭，其效率就一定不会太高，服务肯定会出现纰漏，甚至销售业绩也会受到很大影响。

微商进阶依靠助力团队

也许有的微商领导者会说，我并没有开公司，团队规模也不大，因此不需要这些团队助力角色。但是一个现实就是，如果微商团队想要更加壮大，就必须为此配备一个助力团队，最基本的人员配置不可缺少，因为它是微商做大做强的基础保障。

如果你经常刷朋友圈，就能够看到有一些微商团队的“大咖”会晒自己发货的小视频和图片。其实这种行为恰恰证明他在微商行业里还不是真正的“大咖”。真正的大咖一定不会自己发货，而是团队里有人专门负责发货。如果一个微商的团队领导者浪费太多的时间在发货、客服这些工作上，那么他团队管理的注意力一定就会被分散，管理的效果也让人捏把汗，严重的还会造成团队不稳定、团队内部松散、团队成员流失的情况。这绝不是危言耸听。

如今的微商行业崇尚的是团队作战，因此团队领导者必须十分清楚做微商需要完成的工作有哪些、工作量到底有多大。我们首先来看看微商都有哪些工作要做。

第一是产品方面的工作，它包括产品上游供应链、产品研发、产品设计、包装设计等；第二是营销推广，这其中包含产品定位、产品卖点挖掘、营销策划、推广传播、活动策划执行、广告投放、文案推广等；第三是视觉设计，其中包括产品宣传图片、活动图片、朋友圈文案配图设计等工作；

第四是团队培训，这其中包含产品培训、推广培训、销售培训、话术培训等方面；第五是物流发货，包括订单处理、产品调配、物流跟踪等一系列工作。

由于微商的代理团队或者销售团队，甚至团队的管理者多数来自各行各业，并非专业的设计、培训、文案人员，因此不可能精通文案设计和营销策划等方面的工作，对培训更是一无所知。这种现状就使微商团队中必须填充助力角色来形成整个团队在工作中的全面性。这对于团队管理者而言是一个非常具有必要性的团队顶层架构设计管理的工作，必须要去完成。

微商团队助力团角色划分

既然一个微商团队中的助力角色如此重要，那么这其中都包括哪些角色呢？

我们说，在一个完善的微商团队中必须包含讲师、客服、推广（宣传）、物流等几个角色，这些角色缺一不可，如图 4-1 所示。

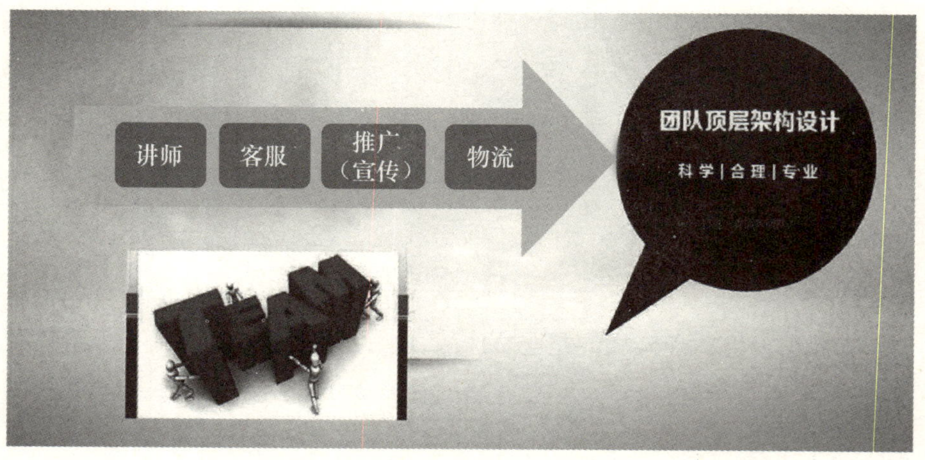

图 4-1　团队顶层架构设计管理

作为微商行业重要的行业力量，微赢集团自 2014 年 12 月成立以来一直走在行业的前列，已形成“三业并举、多元发展”格局，业务遍布全国 23 个地区的 200 余个城市。微赢所搭建的微商助力团队的人数近百，他们全力以赴地在服务着微赢的两万多名客户。在微赢的主力团队中，有专门的客服、物流岗位，还有网络推广部、企划部以及专业兼具培训职能的商学院，同时微赢还设有独立的人力资源中心以及专业的售后服务中心等。如此健全的团队顶层架构，使微赢能够更好地利用服务团队来服务客户，同时也极大地保证了销售团队能够专心从事销售工作。

微赢集团的案例实际上为我们的微商领导者展示出了一个可供借鉴的团队顶层架构设计方案，其中不同的团队角色承担着不同的工作任务。这些团队角色存在的必要性是毋庸置疑的，纵观整个微商行业，我们会发现，很多知名的微商品牌背后都有类似的助力团队支撑。

然而，与品牌微商相比，小微商毕竟是大多数。那么对于还没有发展起来的微商团队而言，最低的助力团队配置应当包括文案、设计师、产品讲师、客服、物流保障人员等。这些岗位人员的数量根据团队自身规模与业务量而定，但基本的人员配置必须完善。

只有做到了上述几点，微商团队的构架才能算是完整，微商方方面面的工作才能够做到有的放矢。一个完善的助力团队不仅能够完成微商所涉及的所有工作内容，最大的好处还是解放了团队领导者，让团队领导者能够从繁琐的实际工作中脱离出来，花更多的心思在团队发展战略与品牌打造上。在这些方面的思考与实践对微商团队今后的发展壮大非常必要。

4.2　团队顶层架构特征：科学、合理、专业

在进行微商团队顶层架构设计的时候，团队管理者必须遵循三大原则，即科学、合理、专业。

原则一：科学

微商团队的顶层架构设计的第一个原则是科学原则。它反映在以下几个方面。

首先，团队要建立科学的工作流程与方式。由于微商不同方面的工作具有各自的专业特性，同时不同团队角色之间又存在着相互的工作关联，因此在进行团队架构设计时，设计者必须考虑到不同角色工作之间的相互关系，如设计人员、文案人员与推广人员工作的关联性，销售人员与物流人员、售后人员之间的工作关联性等。因此，对工作流程的设计就显得尤为重要。科学的工作流程能够帮助团队成员节省大量时间和精力，同时也能够保证工作成果在有保障的情况下呈现出来。

其次，团队成员之间要建立科学的沟通机制。基于移动互联网的特征，微商团队的成员很可能位于不同的地方。当几个成员共同完成一项工作，沟通无法当面完成的时候，科学的沟通机制与沟通方式就显得尤为重要了。以文案推广为例，文案人员的文字创意与设计人员的设计创意如何匹配，推广人员如何把文案设计稿展现在用户面前，这些都需要多方的沟通才能够做到尽善尽美。因此，沟通的法则是什么、沟通应当通过何种渠道完成、沟通内容如何零误差地传递等这些都需要一个相应的沟通机制来控制。

再次，团队还要建立科学的利益分配机制。团队成员之所以能够组成一个稳定的团队，不仅是因为共同的事业，还有个人利益的成分，这一点无须避讳。因此，团队领导者对团队不同角色成员之间的利益分配对团队的和谐稳定影响颇大，这也是在团队顶层架构设计时需要重点关注的问题。一般情况下，每个不同的工作岗位在团队利益分成上是有所不同的，因此切忌平均分配制，这样不仅不能做到一碗水端平，反而会激起团队成员之间的矛盾。微商团队管理者应当根据每个不同角色的贡献度来制定利益分配机制，遵循向重要角色倾斜利益的方式。当然，这其中的度就要由团队管理者根据自身团队的具体情况来酌定了。

最后，微商团队科学的顶层架构设计还体现在管理的科学性上。管理是团队管理者的职责，同时也关系着团队建设的成败。因此，在设计团队架构的时候，微商管理者们必须提前设计好科学的管理机制，以便在今后团队业务开展时能够让管理跟上业务发展的节奏。有很多微商领导者也许是一个不错的讲师，但却并不是一个合格的团队管理者，其中最重要的原因就在于他们没有在团队组建之初就设计好一套科学的管理机制。他们所谓的管理，大部分都是一种弥补漏洞与错误的行为，严格意义上已经不能称之为“管理”了。这种毫无准、备毫无规则的所谓“管理”实际上违背了团队管理的原则，对团队并不能起到积极的推动作用。因此，只有在顶层架构设计时嫁接科学管理体系，才能够使团队架构变得有保障、有依靠，让团队管理行为能够有章可循。

原则二：合理

微商团队顶层架构设计的第二个原则是合理性原则，即在团队架构的设计搭配上，管理者要力求做到角色合理分配与工作合理分配。这是提升团队效率的重要原则。

所谓的角色合理分配，指的是微商团队的组成人员需要按照不同的角色进行划分。在这里“角色”的含义不仅指的是工作岗位，更重要的是依据团队成员所表现出来的个性及行为特征进行划分，分别承担执行、创意与流程管理等各个不同层面的工作。当一个微商团队具备了上述这些角色时，其团队就能够运行良好。因此团队管理者在建构团队时，要确保每个职位的逻辑性与合理性，并让团队成员分析自我能力与特质，找出自己在团队中的定位，以及该加强哪部分能力。

一般情况下，团队角色类型包括：**行动导向型，这种类型的角色负责执行团队任务；人际导向型，这种角色负责协调团队内外部人际关系；谋略导向型，这种角色负责提供创意与解决问题的智慧方法。**对应这 3 种类型，在微商团队的顶层架构中可以大体上把文案、设计成员划分为行动导向型角色，客服是人际导向型角色，而讲师与团队管理者则为谋略导向型角色。

当然需要注意的是，每种角色未必只能由一人担任，可以一人分饰多角，必要时甚至可以进行角色转换。

除了角色合理分配外，合理性原则还包括工作合理分配。对于团队管理者而言，必须明确每个团队角色所需要承担的工作，并把这些工作分配下去，既不要出现有人闲死、有人忙死的局面，又要保证工作效率与工作结果。

微商团队的管理者们大多都是实干型，因此总会不自觉地介入实际的工作中去，希望凭借一己之力来实现壮举。然而在如今微商团队打天下的模式下，这种先锋型领袖的威力往往会大打折扣，因为不依靠团队的独行侠最终都打不过“帮派”。因此，微商管理者们必须明确哪些事情是可以授权的，哪些是不能授权的，对于那些不在专业知识范围内或是比较容易完成的事务，就必须依靠团队来解决。为此，管理者必须要做好工作计划，包含哪些工作需要完成，以及管理者希望这项工作该如何完成、完成的效果是什么样的。同时，管理者还应当根据工作的类型来确定到底是由哪些角色的团队成员去完成该项工作、完成工作的周期是多少、结果应该如何等。

尽量避免同时有几项工作累积到同一个角色头上，一旦无法避免，管理者还必须考虑该角色的工作承受能力，以及工作时间排期，需要调配人手进行协助，这都是团队管理者应当考虑的事情。

原则三：专业

微商团队顶层架构设计的第三个原则是专业原则。**这里所指的“专业”是团队角色与岗位匹配的专业能力以及团队管理层面所呈现出的专业素质。**

很多微商团队非常微小，人员有限，经常会出现一个人干几个不同类型工作的情况。如活动策划工作让文案兼职，讲师与客服由一人兼任……在常态情况下，团队应该避免这样的情况发生，因为一人身兼多项工作不仅在效率上会打折扣，更重要的是，一个人很难具备多种岗位的专业需求。这种赶鸭子上架的方式势必会对工作的结果造成负面影响。

因此，在这里我还是更加倾向于术业专攻的模式。如文案人员的工作就是按每天若干条的量级来提供朋友圈文案素材，并每周写几篇推广软文在网络上发布；设计人员的工作就是每天设计朋友圈宣传图片，以及其他文案需要的配图；客服的职责是负责官方微信号的维护，回答客户反馈的问题；推广角色的工作包括技巧推广和互动转化、话术沟通等，以及官方微信号每天的朋友圈发布与互动；讲师则专门负责产品培训。

专业性还体现在团队管理层面。这是对微商团队管理者提出的要求：**在进行团队管理时必须注重提升管理的专业水平，用专业的企业团队管理方法去进行团队管理。**一位专业的微商团队管理者，应当给员工创造一个充分利用自己的个性将工作干得最好的条件，在创新能力与团队精神之间找到一个平衡点。在团队内部，管理者要给团队成员充分的自由与发挥的空间，切忌包办与束缚。

微商管理者们应该解放思想，具备多元化的思维。根据自己团队的真实情况量体裁衣，采用符合团队内在要求的团队管理方法。这些都是管理的哲学，同时也体现了管理专业性的一些容易被忽视的地方。

上述就是微商领导者在进行微商团队顶层架构设计时需要遵循的三大原则，它们能够在未来进行团队管理时为领导者提供严谨的管理机制参考，有助于提升团队管理的有效性。

4.3　团队顶层角色之讲师：传道、授业、解惑

在微商团队顶层架构里，讲师是一个不可或缺的角色。讲师角色对微商的重要性相信每个微商团队的领导者都认同。实际上讲师一词来源于学校，它是学校当中的一个教学等级，是具有一定级别的教师的代称。后来

随着企业培训的出现，它又成为企业培训行业所衍生出的一个职业或者职位。在企业里，我们可以把讲师看成是一个负责传道、授业、解惑的老师，是一个对综合能力要求很高的职业。作为一名讲师，既要具备专业的理论知识，又要拥有超越一般人的口才与思维应变能力，还要掌握各种培训技能。

讲师在微商行业中的作用

随着近几年微商的快速发展，越来越多来自不同行业的人加入到了微商队伍中。这就出现了一个难题：很多人都是慕名而来，对微商的运营方式、特点、销售技巧等方面并没有清晰的认识，甚至不知道应该如何在朋友圈进行推广宣传。这个时候对微商知识、微商技巧、销售方式、产品特征等方面的培训需求就变得越发强烈起来，于是讲师就自然而然地与微商行业联系到了一起。

如果说讲师在微商里是一个传道、授业、解惑的角色，那么这个角色所起到的作用总结起来包括思想启蒙、行为训导、方法传授以及创新提点这几方面。

必须承认当下微商行业的培训会议非常多，它们为讲师提供了舞台，同时也为加入微商的从业者提供了吸收养分的平台。**讲师的作用首先体现在微商思想启蒙层面。**对一个新兴行业来说，快速的发展让微商从业规模迅速扩大，导致新加入行业的从业者众多，但对行业的了解与理解程度远远落后。面对这种局面，微商的领导者们意识到必须通过培训的方式来提升这些“菜鸟”的级别。于是在微商培训的内容里，整个行业发展情况、行业特点、运营流程等方面的内容成为必讲科目。通过对这些内容的授课，培训讲师们实际上是在对“菜鸟”们进行微商思想的启蒙。因为讲师课程的系统性优势，这种启蒙方式成为最有效、最节省时间的方式。

其次，行为训导是微商讲师能够提供的另一个层面的服务。由于微商行业的运营特征，线上销售成为其运营的主体。有别于传统的销售模式，微商带来的全新的销售行为并没有更多可以借鉴的经验。对新入行的从业者而言，如何通过线上行为促进销售的成功就成为一个共同的难题。微商讲师的作用就体现在这里，他们通过系统完整的教案把这些线上行为总结为行之有效的销售动作，包括如何运用朋友圈、如何运用话术等。这些行为上的训导规范了从业者的销售行为，起到了提升销售效率的目的。

再次，方法传授是微商讲师能够起到的共有的主流作用。在很多领域，培训讲师都是通过传授方法来实现培训目的，微商行业也不例外。微商的整个运行体系里有很多需要运用正确方法才能达成目标的地方。在微商的培训课程里，方法的传授是必不可少的部分，如讲师的课程中心得分享的部分实际上就是在教授获得成功的方法。

最后，一些成功的微商讲师会在培训课程中加入创新提点的部分。这是因为尽管微商发展才短短几年，但由于竞争日渐激烈，产品同质化严重，在传统的打法很难冲出重围的时候，行业就会对创新的渴望日渐增强。因此，在如今很多微商的培训课程（特别是高级的培训课程）里，讲师都会加入创新提点的部分，目的在于启发被培训者的创新思维。这也是微商讲师能够起到的重要的作用之一。

找到符合条件的微商讲师

既然微商讲师角色如此重要，那么团队寻找讲师应当考量什么条件呢？针对这个问题，团队领导者首先必须明确微商的培训讲师分为几个不同的级别，包括初级讲师、中级讲师、高级讲师以及特级讲师。

初级讲师一般适用于线上授课，他们具有一定的理论知识和讲课经验，能够按照事先做好的课件在群里进行授课。这类讲师的特点是其授课的内容偏向模式化，自我发挥的地方很少，基本是按课件来讲。

中级讲师级别更高一些，他们会编写制作简单的课件，掌握一定的培训技巧，能熟练地调动气氛。与初级讲师相比，他们的授课内容更加灵活一些，也比较注重互动。

高级讲师则是具备个人化的台风和演讲技巧的讲师，他们能够自己编写完整的课件，讲课过程相当具有吸引力，能够调动学员的注意力达到较好的培训效果。不过，大多数高级讲师都专注于线下课程，适合线下培训会议的需要。

特级讲师也被圈内称为“大咖讲师”。他们很多人自己就是微商大咖，因此具有丰富的实战经验与行业阅历。他们自己编写课件，可以把培训变成一场脱稿演讲，充满激情和活力。特级讲师同样专注线下课程，他们在微商培训领域都是明星，会有很多粉丝崇拜。当然，请他们进行培训的费用也是不菲的。

在了解了微商讲师的级别后，团队领导者就要根据自身团队发展状况来选择适合的培训讲师。一般情况下，对初组的团队而言，适合配备初级与中级讲师。由于团队规模比较小，因此培训都是在线上进行，初级与中级讲师符合这类团队的需求。对于有一定规模的团队而言，初级与中级讲师同样需要，他们负责为初入团队的人员进行基础培训。而在团队中有一定经验的成员则需要通过高级讲师的授课来实现进阶，这类团队对高级讲师有所需求，因此在团队里最好配备。对于特级讲师来说，一般是微商团队做大后为了打造品牌、吸引更多成员加盟而采用线下培训时合作的对象，团队领导者无需在日常为团队配属特级讲师，只需要在有大型线下会议时采用合作的方式引入特级讲师资源即可。

上述就是微商团队在构建顶层架构时针对讲师角色的配置方式与思路。当然，由于不同的微商团队情况不同，因此在人员配置上也会不同。如当一个团队里的成员普遍缺乏经验时，初、中级讲师将是他们的首选；而当一个团队继续扩大销售指标的时候，高级讲师应该会帮到他们。综上所述，针对讲师角色的配置可以趋向灵活，对于低级别讲师可以引入常备机制，而对于高级别讲师可以采用合作机制。

| 4.4　团队顶层角色之客服：顶层与基层的连接之桥 |

在微商团队顶层的架构里，客服角色虽然不起眼，但也是一个不可或缺的角色。

微商客服的作用

客服实际上是一个企业面向客户进行服务的职位称谓。如今客服在很多企业中都扮演着重要的角色，已经成为企业不可或缺的一环。在微商领域，客服的地位同样重要。在进行团队架构设计时，对客服角色的定位与构建是一个微商团队是否专业的标志。

客服的作用在微商整个交易环节体现得非常显著。**首先，客服承担着引发客户购买兴趣的职责。**我们都知道跟客户交流有两种方式，**一种是主动与客户交流，另一种是客户主动发起交流。**对于客户主动发起的交流，往往都是他们通过一些途径对产品有了一定的了解，然后才来咨询，这说明客户已经对产品感兴趣了；另一种情况是需要主动与客户交流。如有些客户加了微信好友之后，也看他经常观看朋友圈，但就是不说话。这个时候就需要客服主动联系他们，吸引对方的注意力，最终唤起客户对产品的兴趣。这实际上是一种挖掘新客户的行为。

其次，客服还承担着提升客户信任度的职责。它包括**情感信任与专业度信任。**情感信任是通过交流的方式得到客户感性上的认可，让客户对你产生信赖的感觉；而专业度的信任来源于客服对所售卖产品的专业性上，例如，能够给客户带来产品方面专业的讲解与指导就是其中的体现。

再次，推荐产品毋庸置疑也是客服的工作内容。它主要是指当面对客户咨询的时候，客服通过话术来推荐自己的产品，从而让客户从同质化的产品堆中接受客服的推荐，最终形成购买。

最后，售后服务。售后问题是目前微商为人诟病的主要方面，这是由于基于朋友圈销售而来的微商经济对售后层面天然缺乏保障。很多团队并没有专业的客服角色，因此就更不能够把售后问题及时解决。要知道，在很多行业，客服是解决售后问题的第一道关口，超过 80% 的售后问题都是由客服来解决完成的。因此在微商团队架构中，客服同样要以解决售后问题为存在的前提。这样看来，客服角色的必要性就毋庸置疑了。

微商客服的基本素质条件

对于微商客服的岗位能力要求，实际上与传统的客服还是有一些区别的。基于微商团队的特性，在团队中对客服的要求相比于传统企业客服来说更为全面。从前文我们就能够感受到，微商客服除了解决客户问题外，还承担着部分产品推荐与新客户挖掘的职责。因此在基本素质要求上，还需要客服具备基本能力之外的销售能力。

总结起来，微商客服必须熟悉产品，了解产品相关信息，包括产品的特征、功能、注意事项等都要做到了如指掌，只有这样才能流利解答顾客提出的各种产品相关的问题。除此之外，客服还要熟练掌握沟通技巧，包括售前沟通、售后沟通以及随时随地可能出现的客户问题沟通。如在售前沟通环节，客服需要通过与客户的互动来收集客户的基本信息，提升客户的信任度及对产品的购买兴趣；在售后沟通环节，要耐心解决客户的问题，最终让客户满意。因此，沟通技巧对于微商客服来说就是必须具备的素质。销售嗅觉也是微商客服需要具备的能力。**所谓的销售嗅觉指的是在与客户进行沟通的过程里，客服要时刻带着销售的思维，能够以带有销售含义的回复潜移默化地引导客户，最终实现产品销售的目的。**这是微商客服与传统客服在职责要求上的最大区别。

正因如此，在微商客服的个人素质里，诚信、耐心、专业、亲和力是起码的必备素质。由于客服代表的是一个微商品牌或者说是整个微商团队，因此诚信就显得尤为珍贵，它是争取客户认同感与亲近感的基础；耐心是客服普遍兼具的素质，微商尤甚。这是因为微商的产品普遍缺乏品牌的保证，知名度不高，因此在沟通层面所花费的时间成本就要更多。这就给客服提出了更高的要求，只有具备高耐心度才能够胜任；专业性同样是微商客服的必备个人素质。这里所说的专业性不仅体现在对产品的熟知层面，还包括沟通技巧的专业性、话术的专业性以及微商运营模式的专业性等不同方面。亲和力是客服岗位选人的主要考量点，在电话客服模式里，通过声音可以带给客户更为直观的感受。然而在线上客服模式下，沟通发生在网络上，即使通过语音也缺乏连贯性，因此对亲和力的考量更多地体现在语言的组织与话术的运用上，让文字与表情产生语气氛围，从而把亲和力展现出来。这种特点显然对微商客服的要求更高。

微商团队的领导者们在设计团队架构时，对客服职位要给予足够的关注。以往客服的重要性并没有被微商行业的管理者们重视。当一系列问题发生后，在找寻原因时微商们才发现，很多问题都出在客服身上。因此，为了避免相似的错误重复发生，领导者就要在团队架构设计层面引入健全的客服管理机制，锻炼合格的客服人才，以保证在团队发展壮大的同时不会被投诉等问题拖累。从另一面来看，客服实际上是一线的实际接触者，他们能够得到第一手的市场信息。因此作为重要的市场信息收集渠道，客服也同样起着顶层与基层之间连接桥梁的作用。

4.5　团队顶层角色之推广：配套服务与团队双管齐下

微商团队顶层的架构设计中还有一个角色不可或缺，那就是推广角色。

微商推广角色的作用

微商的推广问题，实际上可以从整个网络推广的层面来看待。由于微商起源于微信平台，因此对微信平台的过分依赖为推广设置了天然的屏障。

微商们从前推广的经验大多来自朋友圈，因此推广范围非常有限，基本依靠口口相传。当微商发展至今，模式逐渐成熟后，这种小范围的推广显然不能满足大团队的需求。因此，推广逐渐超越了朋友圈，开始以网络推广甚至线下推广的模式实施。

作为微商，大家心里都很清楚，销售产品最重要的就是客源。如果没有客源，没有人脉，微商就无法存活。因此，在竞争日渐激烈的微商行业，微商们已经不能仅仅依靠朋友圈里有限的熟人来完成销售了，必须要发展更多的陌生客源，把市场面向广大的陌生客户。微信由于具有一定的封闭性，加之官方针对个人微信号或者微信公众平台都有限制，因此流量成为一个很大的难题。虽然有一些微信号通过认证之后可以接入第三方网址进行引流，但对于一般微商而言是很难做到的，即使有引过来的流量，也是要么很少，要么就是不精准。在这种情况下，推广就成为了必须面对的一件事情。

如今，微商推广角色的作用在于通过推广行为获得更具效果的产品售卖，进行更精准的引流。他们持续不断地利用新的推广技巧、使用自动化工具软件来实现推广目的。

我们都知道，推广作为市场营销的一个重要组成部分，具有不可忽视的重要性。在网络时代，线上推广更是把推广所产生的巨大商业作用演绎得淋漓尽致。即使商品属性不适宜网络销售，但是通过网络推广引流所展示出的作用仍然不可忽视。

对微商来说，推广不仅能够增强微商的品牌知名度，为微商打造品牌提供流量支持，而且能够通过信息覆盖增加受众人群，从而把微商产品与品牌传播出去。同时，推广对于提升微商行业竞争力与行业排名、抢占用户商机都有着直接的作用。

微商推广角色承担的工作职责

鉴于微商推广具有上述重要作用，在微商团队顶层的架构中就必须要有专门的推广角色。我们都知道，不管是互联网还是移动互联网，流量从来都是至关重要的，因此“用户数量 + 重复购买率 = 市场份额”就成为微商获取成功的公式。

因此，微商团队对于推广角色的要求应更为精确。他必须熟悉引流的各种方式，包括附近的人、漂流瓶、微信公众平台账号、论坛、博客、百度新闻、QQ 群等渠道，这些都是传统网络颇为有效的引流方式。同时，推广角色还要熟悉加群、加微信、发红包、关注微信公众号、分享获取积分、兑换现金等适合移动互联网的引流方式。

微商团队的领导者们都知道，一个对产品感兴趣的主动过来加你的客户比你主动去加的一百个好友都要强。这一点其实是精准客户的问题，那么如何让精准客户主动来加微商呢？这就必须涉及推广的方法了，它就是微商推广角色需要承担的工作职责。

第一是在各大网站上发布信息。这个方法的效果很好，适合长期做产品，因此团队推广角色的日常工作里，信息发布不能少。

第二是软文推广。软文推广也是网络推广中经常采用的方式，微商也需要用到。它是通过自己撰写文章，或者引用别人的文章，在里面巧妙地加入微商自己的微信号和二维码，然后发布到自己的微信公众平台和各大与产品相关的论坛、贴吧等平台，从而实现引流的目的。它也是推广角色需要熟练掌握的推广方式。

第三是搜索引擎推广。这个方法其实就是通过搜索引擎来实现引流。它能很快让微商的关键词占据百度首页位置，从而吸引用户点击。这就要求推广要选择与微商产品有很强相关性的关键词来做。例如，如果微商的产品是面膜，那么推广就要以面膜、护肤品、化妆品类目展开关键词定位，去选择一整套与微商行业相关的关键词，每一个关键词生成一个独立的营销页面，然后进行交叉链接，从而达到快速提高权重的目的。这样，只需要很短的时间就能够让推广设定的关键词页面进入搜索引擎搜索结果的首页，引流效果自然会呈现出来。

第四是在各大网站发布微商产品信息。如 58 同城、赶集网、房产网、招聘网等都可以成为信息发布的平台。这些平台的流量较大，因此一旦把微商的微信账号发布上去就会形成固定的引流。

第五是新闻源推广。微商需要提交优质的网页、图片、帖子到一些转载网站和聚合类网站。如果推广内容足够优质就会被平台推荐，那么粉丝就会暴增，引流也就不在话下了。

上述这些都是微商推广角色所要承担的推广职责，我们可以把它们称为线上推广职责。随着微商品牌的不断壮大、团队规模的不断增长，推广的范围也会从线上辐射到线下，因此微商团队在进行架构设计时就要提前考虑到这一点。

线下推广的好处与线上不同，它可以提高微商产品品牌在线下市场的认知度，可以实现消费者深层次的直接体验，减少消费者信赖感的培育期，从而便于微商挖掘潜在客户群体。必须承认，相比于线上推广，线下推广是非常精准的引流方式。由于可以提供场所，它能够让微商团队和消费者之间，或者消费者与消费者之间进行面对面的社交。线下推广的例子有很多，如我们经常会看到银行、保险甚至电视台等行业开展进社区的活动，其目的就是为了深层次挖掘点对点的顾客，从而实现点与面的结合。微商的线下推广也是这个目的。

另外，微商的线下推广还可以提高微商团队在当地市场的认可度。这一点其实非常重要。因为产品可以换，但团队却是一个铁打的营盘。尤其是在如今的行业背景下，微商团队能够得到社会公众认可的少之又少。当然，这也与微商团队领导者的观念有关。微商的领导者们大多还沉浸在个人赚钱的思维阶段，他们觉得砸钱推广是产品厂家的事情。恰恰是这种观念让微商团队的发展过分依赖于产品，一旦没有好产品，团队也将土崩瓦解。有鉴于此，我们认为在推广中对微商团队本身的品牌推广也同样重要，它是打造团队长久稳定的一个重要的方式。而线下推广恰恰适合微商团队的本体推广，因此千万不能忽视。

线下推广的另一个好处在于可以获得粉丝，同时带动产品销售，从这个层面来看可谓一举两得。一方面，线下落地的推广无论是会议还是活动都能够让团队获得新鲜血液，另一方面，还可以顺便卖产品。虽然不指望销量有多少，但至少是可以实现落地销售的。

综上所述，我们可以清晰地看到在微商团队的顶层架构中推广角色所起到的作用。毋庸置疑，推广的工作既庞大又繁琐，而且需要较高的延续性，因此必须由专人来完成。在一个微商团队里，如果没有专门的推广角色存在，那么团队发展与销售额的提升都会非常困难。

4.6　团队顶层角色之物流：提升服务效率的因子

在微商团队顶层的架构里，还有一个角色非常容易被忽视。它看似可有可无，但实际上却是不可或缺，尤其是当微商团队发展到一定规模，产品销售额达到一定级别后，这个角色的重要作用将会被无限放大。它就是物流。

微商物流角色的作用

随着互联网的快速发展，网络购物已经成为大多数用户的首选购物方式，网络购物的人群不断扩大，交易量年年增长，可以说我们已经迈入了一个纯粹的电子商务时代。电子商务经过多年发展逐渐成熟，同时也在固有的模式上产生了一些变化。随着移动互联网的兴起，很多商家不再依赖于淘宝、易趣等大型电子商务平台，而是将目光放在了具有“连接一切能力”的移动端——微信应用上面。微商依托于微信而生，经过快速的发展已经形成了新的电子商务热潮。尽管微商是一种社会化移动社交带来的新电商模式，但它对于物流的依赖程度仍然相当高。微商所采用的物流方式包含以下几种。

第一是快递。电子商务的兴起培育了大量快递公司，如顺丰、韵达、中通和圆通等，快递服务已经发展得非常健全和便利。在物流层面，大部分微商商家都是根据自己的需求选择快递公司配送自己的产品。大致的流程是：微商根据消费者填写的配送地址和联系方式等，在商品包装好之后交予快递公司，快递公司将商品运送到配送地址，由消费者在验货之后签收。由于快递服务需要收取一定的费用，因此微商商家在采用快递公司配送货物时，实际上是增加了商品的销售成本。

第二是自建配送体系。部分微商会在主要城市建立仓储中心和配送点，建立自己较为完善的配送体系。拥有自建配送体系的微商能够将消费者购买的产品、填写的配送地址和联系方式等发送给配送地址就近的配送点，再由配送点将产品送货上门。很显然，微商商家自建配送体系实现了商品的快速送达，消费者可以在购买商品之后尽快拿到商品，在一定程度上满足了消费者缩短等待时间的需求。

第三是采用第三方物流企业代送的方式。微商将自己的全部或者部分物流服务外包给第三方物流企业，物流企业提供运输、仓储、配送等服务，负责商品从生产到销售的整个物流服务。第三方物流企业根据与微商商家签订的合同条款规定要求，在合同期限内提供多功能甚至全方位的物流服务，服务水平较高，可以满足微商的全部物流要求。

相比第一种，后两种物流方式在微商行业的普及度还相当低。碍于成本过高和自身体量不够大，大部分微商仍然采用快递作为物流的首选。

因此，在采用快递完成物流运送的过程中，微商与快递公司之间就需要物流角色来确保订单发送的及时与无误。微商需要将客户订单进行处理之后发送给物流人员，然后由物流人员按照订单进行商品拣选、包装和发送，并且还要提供订单查询等配套服务。特别是在订单量急剧增加的时候，物流的工作量也大幅度增加，因此对团队中物流角色的设计是非常有必要的。

物流角色的工作职责

大的微商团队中都会设立专门的物流岗位，由专门的团队成员来负责物流工作。这样一来的好处是保证了物流工作的工作质量，提升了物流服务的质量。物流人员专门负责物流工作，及时处理消费者的订单，在短时间内完成商品的拣选和包装工作，尽量缩短商品配送需要的时间。

微商团队设立物流岗位需要注意合理安排物流人员的工作时间，尽可能实现全天候 24 小时服务，以便及时解决商品调配中发生的问题，保证商品调配的工作效率。并且，在物流服务中出现的任何问题，消费者都可以直接与物流人员进行沟通，由物流人员在第一时间快速解答消费者的疑问，避免因为物流问题影响消费者的购买，从而提升消费者的满意度。

同时，物流人员还需要提供 24 小时物流跟踪服务，监督产品的物流运输情况，对于物流运输中出现的问题，及时与快递公司或者物流合作企业协商解决，督促快递公司或者物流合作企业运送产品，确定物流运输时间，确保商品尽快运送到消费者手中。

除了上述工作职责外，在微商团队架构设计中，物流角色还要承担加强物流标准化建设的工作职责。物流标准化建设主要是设计一整套物流体系，从而实现降低物流运输成本、改善物流服务、提升物流工作效率，进而帮助微商提升竞争力的目标。为此应当制订全面的物流工作标准和工作规范，明确设计出协调和衔接物流包装、运输和仓储等各个环节的工作流程，只有这样才能够保证物流服务的工作效率。微商采用统一的物流标准，可以避免物流运输环节出现问题，将商品进行统一调配，合理调配商品，从而降低物流成本。

微商团队的物流角色还应当全面监督物流工作的各个流程，避免各个环节出现问题，进而对物流工作产生不良影响，延缓物流运输的时间。物流角色还需要定期对物流工作进行评估，根据消费者的评价，发现物流工作中存在的问题，采取相应措施解决存在的问题，改善物流工作，提高物流服务水平，在消费者心中树立起良好的微商品牌物流印象。

关于微商团队管理第二个部分我们阐述了微商团队顶层架构设计的相关内容，其中涉及的团队角色在很多中小型微商团队里其实并不健全。要知道，这些角色对于整个微商团队的建设与良性发展都起着不可替代的作用。可以说他们的存在对微商团队的正常运营不可或缺。

CHAPTER 5

第 5 章

微商团队管理修炼七剑之第三剑：树立标杆

一个团队要想激励所有成员为共同的目标奋斗，单靠团队的领导者是绝对不够的。一个人的精力毕竟有限，当团队规模达到一定量级后，领导者的带头效应就会被削弱，这种情况也可以称之为“团队领导力的稀释法则”。那么想要实现全员激励的目标，就要依靠新的带头力量，那就是标杆力量。本章我们就来探讨标杆管理法（图 5-1）应当如何在微商团队管理中进行应用。

图 5-1　树立标杆管理法

5.1　榜样力量无穷，但要学会善用

俗话说，“榜样的力量是无穷大的”，指的其实就是团队中标杆所起到的积极作用。

什么是榜样？举一个简单的例子，家喻户晓的刘胡兰就是革命年代最具代表性的标杆和榜样，是我们都要去学习的典范。在今天，榜样的例子还有很多，如每年都会授予称号的劳模、每年都会评出的“感动中国十大人物”等，他们都是榜样，同时也是标杆。

标杆的正向作用

标杆实际上是管理学中的一个部分，也可以称为标杆管理。自施乐（Xerox）公司成功地开创了标杆管理方法以来，全球众多的知名企业，如IBM、AT&T、Kodak、埃克森美孚等世界 500 强企业纷纷把标杆管理作为竞争的最佳指导，用来改善或巩固自己的竞争地位。标杆管理成为了国外企业公认的一种“求强”的管理方式。

简而言之，**标杆管理就是为企业或团队设定一个标杆，以此作为企业或团队提升自我的榜样，最终的目的是为了实现标杆超越。标杆又分为内部标杆与外部标杆。**在这里我们重点要介绍的是团队内部标杆的管理方法。让我们先来看看下面这个例子。

小时候上学，我们都会遇到这样的情形：班主任总是会把那些学习成绩好的同学安排在最好的位置，上课举手回答问题也总是优先点这些同学的名字，偶尔校长或者教务主任来班上听课，更是安排他们坐在这些学习成绩好的同学旁边。

为什么会出现这样的现象？这是因为班主任要在班级当中树立榜样，以榜样的力量带动整个班级的学习氛围，让其他学生努力向这些学习成

绩好的学生看齐。这样一来，班级整体成绩就会上升到一个新的台阶。

如果把班级看作一个团队，那么班主任作为团队领导者所采用的方式就是一种典型的树立标杆管理法。对于微商的团队而言，采用树立标杆管理法的正向作用包括以下几点。

第一，标杆的示范效应能够起到激励团队其他成员的作用。在任何一个团队里，标杆就像其他团队成员的镜子。他是团队其他成员示范学习的目标，让团队成员充满激情地去工作，达到无声胜有声的效果。

第二，树立标杆能够为整个团队带来正能量的风气，在团队内部营造出良性的竞争氛围。以淘宝为例，每年的“双 11”，淘宝都会推荐一些大的品牌或者是一些新的品牌，对它们进行包装和推广，这样做的意义在于可以吸引更多的品牌加入。这其实就是在通过树立标杆传播一个对平台有益的正能量，吸引更多的跟随者。一个大平台尚且如此，更何况一个团队了。

第三，树立标杆能够为整个团队营造学习的氛围，有利于团队蜕变成为一个“学习型团队”。学习型组织是团队的一种形式，是一种具有可持续发展、符合个性化发展的组织。通过营造一个有利于整个团队学习的氛围，可以充分地培养团队成员的学习能力与创新思维。它与标杆的设立有着密不可分的联系，通过树立标杆对团队管理模式进行优化，能够进一步调动团队成员的主动性和积极性；标杆可以让团队内部之间产生一种相互学习的催化剂，形成一股你追我赶的风气，对提升团队的竞争力有着积极的促进作用。例如，一旦团队里有一些销售做得非常好的成员，或者是进步非常快的成员，团队领导者都可以把他们设定为团队标杆，通过分享他们成功的经验与方法让团队其他成员进行学习，从而启发团队成员的创造力与实践方式。

善用标杆

对于微商团队的领导者而言，树立标杆固然是好事情，但是也要注意以下几个问题。

首先是标杆的选择。微商团队的领导者要具备选择正确标杆的能力。在我们企业的团队里经常存在这样的现象，即能够经常得到领导表扬的人未必就是团队里能力最强、成绩最好的人，而很有可能是与领导关系最好的人。因此我们一定要注意，团队成员与团队领导者的亲疏关系不能成为左右标杆设定的因素。微商团队的领导者在设定标杆时要做到客观、公正，并具有说服力。

其次是标杆的持久力。很多的团队也曾设定标杆，但是却没有坚持下去。半途而废的标杆管理对团队的持续性发展没有任何好处，反而会带来负面影响。因为，当团队其他成员经历了夭折的标杆管理后，会对团队领导者的标杆管理方式与效果产生疑问，这将导致团队领导者今后再次启动标杆管理时会遭遇巨大的阻碍，实施的效果也会大打折扣。因此，一旦启动了树立标杆管理法，微商领导者们就一定要把它当成一个持续的管理方式坚持下去。

再次是标杆效果管理。很多团队也曾设定标杆，但对团队其他成员的标杆学习效果并没有进行跟踪，因此整个标杆管理法的实施效果也就没有任何保证。在实施标杆管理法时，对实施效果的跟踪也同样重要，微商团队的领导者们不能忽略这一点。

最后是及时的标杆调整。这一点是对于阶段性标杆而言的。大部分团队采用标杆管理法都是针对阶段性标杆。这一点其实也很好理解。由于标杆的示范效应要求，作为标杆的个体必须具有超越团队其他成员的表现，因此对于标杆个体来说压力很大。很多现实的例子告诉我们，成为标杆的个体可能能够在一段时间里保持标杆水准，但从长期的角度来看，能够持续成为标杆的角色少之又少，很多情况是团队中又出现了新的标杆。因此团队领导者要及时发现，及时调整，从而保证标杆管理法能够持续进行下去。

从上述的问题我们可以看到，标杆管理并非想象的那么简单：树立一个榜样，然后让团队成员模仿。实际上在其中包含着很多管理方法与需要注意的地方。因此，尽管榜样的力量是无穷的，但微商团队领导者们同样要善用才行。

5.2 树立标杆，开启团队模仿模式

在这里所说的树立标杆的管理法，主要是通过在团队中寻找最优秀的实践对象，并且与之相比较得出绩效超逸，进而推动团队不断学习的一种应用方法。它是很多成功的微商团队都会采用的管理方式，也是微商打造顶尖团队必不可少的一种管理方法。

用标杆提升团队效率

微商团队的标杆角色应该被定义为团队中可信赖的顾问，是团队的北极星，也是所有团队成员都想要赶超的那个人。他是团队效率的提速者，是时刻提醒团队成员“你们也可以做神奇事情”的存在。因此标杆角色在团队中的权威性是毋庸置疑的。

在 20 世纪 60 年代早期，IBM 公司便开始在组织中开展内部标杆管理活动，因为当时公司总部发现在不同的分 / 子公司之间存在巨大的绩效差异。为了推动这一标杆管理流程的顺利进行，IBM 公司为每一个职能部门（如研发部门、生产部门、人事部门、质保部门、财务会计部门、客户服务部门等）确定了相应的关键指标，这些关键指标每年都要汇总

到公司总部。典型的指标包括新产品上市的时间、产品合格率水平、监控时间长短、维护成本占设备总成本的百分比、单位专利的研发成本等。

IBM 公司相关的每一个部门都被要求制定 8 ~ 16 项测量指标，然后将这些指标集中汇总到公司总部，总部再对这些指标进行分析并分成不同的小组或单元，以便对分布于不同地理区域的相同的职能部门进行对比考察。接着，公司总部把对各个区域职能部门的评价报告反馈给各相应单位，那些存在绩效差距的职能部门被要求向公司总部递交对表现突出的单位的研究分析结论，并向公司总部做出解释和承诺：将采取何种举措来缩小这一差距。

那些被要求回答这些问题的组织或职能部门面临许多挑战。然而不幸的是，对这些问题做出了认真回答的组织或部门通常花费了不少的时间确认出自己与他人相比所存在的差距以及为什么会存在这些差距，却没有认真探索和寻找有效缩小这些差距的途径和方法。尽管这一活动取得了相当成效，但是由于在执行过程中缺少地方职能部门和公司管理层的支持，导致实际取得的效果与这一活动所应发挥出来的效果相比差距甚大。

事后 IBM 公司总结认为，如果整个公司能够采用其全球范围内最好的经营管理实践，那么公司的产品成本结构与成本总额将大幅度降低。除生产成本之外，IBM 公司还发现产品质量与产品稳定性都可以大幅度地改进。

为实现这一计划，公司总部特意下发了一个指令性文件，要求所有对生产流程较为敏感的产品都应按照兼容性能良好的流程与方法进行生产。结果，IBM 公司全球的所有工厂都开展了运营管理实践趋同化的活动。通过在内部界定最优的产品流程，并将这一流程确定为全公司范围内的统一的标准，IBM 公司赢得了显著的国际竞争优势。

从上面的案例我们可以看出，IBM 以整个公司为一个大团队，对各地分公司（即团队成员）实施了内部的树立标杆管理。它把绩效与效率最好的分公司的工作流程公开化，要求企业内所有工作流程相似的分公司统一采用趋同化的工作流程与方式，最终提升了整个公司（即团队）的工作效率和整体绩效。在这个过程里，IBM 公司还要求企业的相关分公司去研究自己的差距并找到改进方法。从这个角度来看，如果把 IBM 公司当成一个大的团队，那么，它所采用的树立标杆管理法实际上非常简单，就是树立工作效率最高、绩效最好的团队成员为标杆，通过公示这个成员的成功方法让团队其他成员去学习模仿，找到自身差距，从而提升团队个体的绩效、效率，以此来实现整个大团队的成功。它是一个典型的用标杆提升团队效率的案例。

用标杆开启团队模仿模式

在标杆这个词里，“杆”是参照物，“标”是达到或超越参照物的标准。因此我们才说“标杆”是一个值得模仿的榜样，可以是人、模式、方法、流程，或是某一个具体标准。**“标杆管理”就是通过模仿和创新来达到或超越标杆水平的方法和途径。**简单地讲，就是如何有效运用“拿来主义”。

美国雅芳公司在 1990 年实施了内部的标杆模仿。公司按地区在全美建立了 5 个客户服务中心，但每个中心都有一套自己的服务方式。这种各自为政的方式造成了企业运作的低效率，因此建立一套统一的服务体系势在必行。由于五大中心的实际情形总是不断变化的，因此很难一下子判断出哪个地区的行为是最优的。有鉴于此，雅芳的管理者就着手建立一个逻辑上的“稻草人”模型，用来反映一系列服务的最佳行为方式，同时设计出一系列的衡量“最优”行为的标准。

其实这种“稻草人”模型是对各个地区最优行为的总结，它超越了单个区域的局限性，使每个地区都有一个开放的发展机会，没有一个地区会被忽视，也没有一个地区凌驾于其他地区之上。最终雅芳公司找到了一个最优的服务行为方式。通过推行标杆模仿，雅芳的业绩得到了很大的提高。

雅芳公司的案例为微商团队的树立标杆管理提供了非常有借鉴意义的示范。它实际上就是“拿来主义”的最好体现，即把团队内部最优秀成员的成功方法直接拿来让团队其他成员进行模仿，从而形成统一的行为方式，以提升整个团队的业绩。

对微商团队而言，模仿实际上是最好的获得成功的途径。岗位的共性特征使团队成员通过模仿能够获得最直接的改善效果，这与上述案例所描述的吻合度很高。

用管理方法提升标杆模仿成功率

每个微商团队的领导者当然都希望能够让团队中所有成员都发挥出与标杆相同的甚至超越标杆的能量。要做到这一点，除了树立标杆外，在标杆管理层面同样需要跟进。

第一，微商团队领导者要与团队成员达成共识。因为实施树立标杆管理法实质上是要在团队中发起一场变革，而任何变革如果得不到团队其他成员的积极支持就不可能获得成功。因此在树立标杆前，团队领导者必须与所有团队成员达成共识，以避免标杆的反效果出现。

第二，做好颠覆以往的准备。一些微商团队往往会满足于自己熟悉的运营模式，如流程、关系等方面，形成自成一套的团队运营体系。然而当微商所处的大市场环境发生变化时，往往这种独特的体系模式反而会成为进一步发展的障碍。因此，微商领导者必须做好颠覆以往模式习惯的准备。

第三，推行标杆管理要有紧迫感。微商团队领导者必须清楚，用树立标杆的方法来提升团队战斗力要赶早不赶晚，并且要尽可能通过团队管理来缩短其见效的时间，如突击培训、效果考核等方式都可以配合标杆管理法一并实施。

第四，要提供各种资源的支持。资源的支持对标杆管理法的推行与实施至关重要。这里所说的资源既包括资金、硬件、软件与时间等，又包括改善团队氛围与建立团队文化。

第五，标杆管理法要有明确的重点。往往为团队设定标杆是为了解决某一个问题，而不是为了解决所有问题，这一点作为团队领导者必须明确。因此，标杆的作用所引发的积极效果往往体现在某一个方面，而不是所有方面。这个范围必须明确且具有可执行性，只有这样才能做到有的放矢，让团队成员有明确的学习方向。

第六，选择标杆对象要做到可靠、服众。这是任何标杆管理成功实施的基础条件。

第七，标杆管理要以结果为导向。从上述 IBM 的标杆管理案例中，我们就能够发现，IBM 在标杆管理的前期所关注的是行为而非结果，因此他们走了弯路，误以为只要实行了正确的行为，结果会自然显示出来。而实际上并非如此，行为与结果之间并无明确、必然的联系。因此，应该实行以结果为驱动的标杆管理法。团队的领导者应该关注的是在未来的一段时间内，团队成员所表现出的明显的绩效改善与效率提升情况，而非团队成员的学习态度或者学习行为。

5.3 标杆特征解析：业绩鲜明、人格鲜明、态度鲜明

上文说了很多有关微商树立标杆管理法的内容，有一个最关键的问题还没有谈到，那就是如何去寻找团队内的标杆，如何对标杆进行选择并最终确定。鉴于微商团队的特点，在团队中设定标杆应该遵循 3 个原则，即业绩鲜明、人格鲜明和态度鲜明。

业绩鲜明

在选择标杆时，对微商团队来说，业绩肯定是第一位的，只有业绩鲜明的团队成员才具备了成为标杆的最基本条件，这就是俗称的“不管黑猫白猫，抓住老鼠的就是好猫”。在微商的世界里，业绩是一个人最有力的价值证明。微商团队里优秀成员的判定标准是什么？那就是业绩。微商是以结果论英雄的世界，是以结果作为标准来检验一切的世界。

因此，标杆必然是业绩鲜明出色的人，只有这样的人才会被众人羡慕，才有资格成为团队的领航者。微商团队的领导者们在选择标杆的时候，要把握以下原则。

首先，成为标杆的选择条件必须能够量化，对团队成员的评定要的是结果，而不是过程。

其次，在团队中，成员不管多么辛苦忙碌，如果缺乏效率，没有做出业绩，那么一切辛苦皆是白费，一切付出均没有价值。

再次，团队管理者要坚持以绩效的获取和提升作为标杆管理的出发点，以绩效水平作为树立标杆的有效性依据。

最后，标杆管理法追求的是正果。想要得到正果，那么我们的标杆管理工作就要富有成效，去追求一个好的结果。业绩是唯一反映结果的指标，那些只说不做或者做而无效的成员都不能成为标杆选择的对象。只有持之以恒地付出，不折不扣地努力，同时获得理想回报的成员才具备标杆素质。

综上所述，在微商的团队里成为标杆的最基本条件就是业绩鲜明。团队领导者可以把那些持续保持销售额的高增长，或者年度综合销售额排名前列的团队成员作为标杆的选择对象。

当然，仅仅依靠业绩一项指标是远远不够的，它毕竟只反映了团队成员的工作成果，成为标杆还需要具备更多的条件。

人格鲜明

人格个性同样是微商团队选择标杆的一个重要参照指标。作为一个团队的标杆，除了业绩指标外还必须具备人格优势，其中包含的最重要的部分就是个性优势。所谓个性优势是针对标杆对象而言，是指其在性格上所具有的超越其他团队成员的优秀品质。对于团队来说，这一点是决定其整体竞争力高低的一个分水岭。为什么这么说？因为尽管团队成员的个体存在个性差异，但人的价值理念及其行为都要受到社会总体发展取向的制约。因此，比较理性的人或团队，其内在愿望也是希望自己能够表现出与社会公共利益相一致的特征，只是由于资源或能力的限制，其活动效率也存在差异，难以让团队的每个成员在所有领域都出类拔萃。因此，成员之间能够优势互补的团队在增强竞争力与合作共赢的层面上能容易获得成功。微商团队只有在系统、科学、适应环境变革的理念指导下，有效识别团队成员的个性特征，进而形成优势互补，才能保持和壮大强势特征，营造出持续的竞争优势。这就是人格个性对于整个微商团队而言的重要意义所在。

既然人格如此重要，选择标杆时当然要对其进行考量，而且考量标准要做到全面、精确。**就人格优势而言，主要指的是标杆在与人交往过程中表现出来的积极认知、积极感情和积极行为，它包含亲和力、生命力和意志力。**其中表现个体在人际关系过程中亲和力的特征主要包括仁慈、团队精神、公平正义、爱与被爱、真诚、领导力、宽恕、感恩等；表现个体在人际关系过程中生命力的特征主要指对待世界和社会的积极品质，包括幽默、好奇、激情、创造力、洞察力、希望、社交智力、发现美的能力、勇敢、信念等；表现个体在人际关系过程中意志力的特征主要指一些个体内部的品质，表现为个体在自我要求、自我约束、自我提升过程中的意志力，包括判断力、审慎、自我调节、坚持不懈、学习、谦虚等。微商团队领导者们可以参考上述的行为特征来判断候选标杆的人格优势是否满足成为标杆的需要。

态度鲜明

在职场中有一句名言叫做“态度决定一切”，从中可以感受到态度对于完成工作的重要性。因此在选择团队标杆时，态度也是必须要去考量的指标之一。

有人曾经说，“态度决定你的成败，态度决定你成功的高度”，也有人曾经说，“态度决定行为，行为决定习惯，习惯决定命运”。那么态度到底是什么？态度其实是人内心的一种潜在意志，是一个人的能力、意愿、想法、价值观等在工作中的外在表现。因此可以说，态度就是一个人区别于其他人，使自己变得重要的一种能力。

很多时候态度是衡量一个人能否获得成功的重要标准。如果把一个人的综合能力分为 3 个方面，那就是知识、技能和态度。从中可以看出态度对于个人能力的影响作用是相当大的。举个简单的例子，一个人激情投入地工作与麻木呆滞地工作，其工作效果与结果完全不同。

工作态度决定工作成绩。一个人的态度直接决定了他的行为，决定了他对待工作是尽心尽力还是敷衍了事，是安于现状还是积极进取。我们不能保证每一个人具有了积极的态度就一定能成功，但是成功的人都有着一些相同的工作态度。在一个团队之中，每个人都有自己的工作态度。于是我们能够看到有的人勤勉进取，工作忙碌、热情，精神抖擞，积极乐观，永争第一，总是积极地寻求解决问题的办法，即使在受到挫折的情况下也是如此；而有的人则悠闲自在，得过且过，按部就班，职责之外的事情一概不理，分外的事情更不会主动去做，不求有功，但求无过；还有的人总是牢骚满腹，永远悲观失望，总是在抱怨他人与环境，认为自己所有的不如意都是由环境造成的，常常自我设限，使自己的潜能无法发挥，整天生活在负面情绪当中，完全享受不到工作的乐趣。团队领导者们是不是感到很熟悉呢？在微商团队里，这 3 类人总是会存在。

一位哲人曾经说过，“你的心态就是你真正的主人。”你的态度如何，在一定程度上已经决定了你是失败还是成功。因此在进行标杆选择时，对态度层面的考量不仅不能忽略，而且应当作为选择标杆的第一标准。

那么正能量的态度应表现在何处呢？团队领导者在进行考量时应当采用哪些指标呢？候选标杆在敬业、勤奋、忠诚、进取这几方面的表现可以作为评定指标。

首先是敬业，就是敬重自己从事的微商事业，专注于微商事业，千方百计将工作完成好。敬业既包含了个人做事的执著，又有着对本职工作的忠诚。敬业是一个人将自己对岗位、对工作的热爱转化为奋发而持久的工作激情的一种积极精神。在判断敬业这个指标的时候，团队领导者可以根据以下现象来评定：如果一个团队成员以一种尊敬、虔诚的心态对待职业，甚至对职业有一种敬畏的态度，那么他就是敬业的。尊敬并重视自己的职业，即使付出再多也心甘情愿，并能够坦然地面对各种困难，努力去克服它们，做到始终如一，善始善终。

其次是勤奋。勤奋是成功的基础，同时也是对自己的工作负责的表现。具有勤奋品质的人会全心全意、想方设法地去完成每一项工作任务。

再次是忠诚，它是人类最重要的美德。忠诚对于团队而言就是忠诚于自己的工作，就是以不同的方式为工作做出贡献。忠诚不仅体现在工作主动、责任心强，而且体现在不以此作为寻求回报的筹码。忠诚还表现在不好高骛远，不整日抱怨，保持愉快的心情，从善良的角度出发，把身心彻底融入工作，尽职尽责，处处为团队着想，理解团队领导者的压力。

最后是进取，它实际上就是超越昨日的自我，就是一个人永不满足现状，不懈追求向前发展的表现。进取意味着技术水平的进步、专业能力的增强、综合能力的提高以及竞争能力的提升。进取的过程是一个前进的过程，是一个人征服困难的过程，也是不断创造新业绩、实现新目标的过程。多少年来，进取精神已成为人类挑战极限、积极向上的最宝贵财富。

综上所述，微商团队领导者们对候选标杆在态度层面的考核应当根据敬业、勤奋、忠诚、进取这几方面来评定，并将其作为最重要的评定指标。

5.4 维护标杆，宣传标杆

对于微商团队的领导者而言，根据上文的标杆选择标准推选出团队标杆后，并不是标杆管理工作就告一段落了，相反才刚刚开始，它进入了标杆实施阶段。在这个阶段，微商团队的领导者需要尽可能配合标杆对整个团队进行标杆学习的宣传，因此维护标杆、宣传标杆是标杆实施阶段的工作重点。

维护标杆

维护标杆指的是当标杆在团队中被树立起来后，团队领导者应当尽全力维护标杆的形象，维护标杆的权威性以及维护标杆的利益。通过这样的方式给团队的每个成员传递标杆管理的重要性，从而带动整个团队掀起学习标杆、赶超标杆的风气。

首先，团队领导者应当维护标杆的形象。这里所说的形象指的是标杆对象在团队成员面前的标杆形象。既然为团队树立了标杆，那么团队领导者就要把这个标杆扶持起来，打造标杆的高级别个人形象，这其中包括标杆的话语权形象与标杆的展示形象。一方面，标杆的话语权形象直观来看就是标杆在发表自己意见与观点的时候，作为团队领导者应当尽量尊重并表示赞同，这是维护标杆话语权的最好表现。另一方面，维护标杆的展示形象指的是在对外活动或者培训会议等整个团队活动里，团队领导者应当尽量突出标杆的形象，加深团队成员对标杆对象的印象，从而提升标杆对象在整个团队里的正面形象。

其次，当团队成员对标杆提出质疑的时候，团队领导者应当第一个站出来维护标杆的形象，打消团队成员的疑虑。领导者要告诉团队成员标杆是经过严谨的筛选最终确定的，代表了团队的最高意见，因此标杆的权威性毋庸置疑。

最后，维护标杆的利益指的是团队领导者应当在团队中进行利益分配时适当对标杆对象进行倾斜，如资源倾斜、资金倾斜以及权利倾斜。这样做是为了让标杆的工作做得更好，使其形象更加高大、鲜明。当然这种维护标杆对象利益的做法不能大张旗鼓，更不能以牺牲团队其他成员利益为前提，一旦这样做了，团队的稳定就会受到影响，标杆管理法将会引发团队中的负面情绪。

宣传标杆

在维护标杆的同时，微商团队领导者还要做到宣传标杆。宣传标杆的目的是为了使团队成员能够因标杆的存在而形成激励作用，促进团队成员工作绩效的提升，从而带动整个团队的绩效显著提升。我们能够经常看到很多企业都会在内部刊物或者内部平台上对先进个人给予大力宣传，如《中国石油企业》杂志开设的“中国石油 · 榜样”系列报道栏目，每一期都会向读者介绍两位业内榜样级的先进人物，用翔实的细节、生动的笔墨，将一个个先进人物的感人事迹展示出来，为大家树立了学习的榜样。还有央视也经常会在报道中提及一些榜样型人物，为社会注入学习榜样的正能量。这些行动其实都是在对树立的标杆进行宣传，以期达到从标杆对象身上辐射出标杆效应，去影响其他人。

在微商团队里树立标杆同样也需要大力宣传。团队管理者可以通过活动、会议、培训、推广等不同方式对标杆进行宣传，使团队标杆不仅在团队中，更可以在行业里吸引更多人关注。这样做的好处是对内形成了争做标杆、赶超标杆的团队氛围，对外又为团队品牌知名度的扩大提供了一个很好的宣传出口。那么具体的标杆宣传方法有哪些呢？

对内，团队领导者可以借助内部培训、团队新成员培训的方式让标杆现身说法，为团队其他成员介绍自己的成功经验与创新工作方式，以此来

启发团队成员的思维。一方面，团队领导者要亲自站出来宣传标杆，号召团队学习标杆，从而起到积极的带头作用；另一方面，团队领导者还可以在业绩会上推出竞赛机制，以此来鼓励团队其他成员超越标杆，争做新标杆。这样做的好处是在潜移默化中已经在团队所有成员的脑海里嵌入了“标杆模式”，把树立标杆管理法培育在了团队的基因之中，成为了一项长期的管理方式。

对外，团队领导者要借助一切可以利用的机会来宣传标杆，如线下会议等。在线下会议里可以增设标杆发言的环节，并在会议中特别对标杆为团队所做出的贡献进行表彰，让所有人认识标杆，增加大家对标杆对象的好感。同时，还可以通过推广方式把标杆塑造成“行业专家”，以此推广到整个微商行业中去。这样一来，团队标杆的身份就变化成为“行业专家”，通过对标杆对象在微商行业内权威性的塑造，回头来影响团队内部成员对标杆的看法。试想一个行业都承认的专家，难道在团队中不能作为大家都去学习的标杆吗？

上述就是微商团队宣传标杆的一些方法。当然宣传标杆的方法还有很多，在平时的日常工作中随时都可以进行，作为团队领导者可以根据自身团队的实际情况选择。

本章我们介绍了微商团队管理中的树立标杆管理法。标杆管理实际上是一个循环的过程，是一个动态的过程。它不是立好标杆就结束的一锤子买卖，而要求团队领导者必须根据标杆对象的发展变化，做出紧密跟进或更换新标杆的动作。团队在推行标杆管理法的过程中，还要密切关注所处行业市场情况的变化。同时，团队领导者还必须处理好标杆对象与团队其他成员之间关系的平衡，避免团队内部矛盾的滋生。

我们可以把标杆管理看成是一场团队内部管理上的变革。任何变革都会产生一些适应方面的阵痛，标杆管理也不例外。它可能会对团队固有文化造成一定程度的冲击，因此就需要团队领导者在运用标杆管理法之前，对可能出现的影响有全面的认识与把握。对于与从前不同的地方，领导者应决定采用什么样的方法来进行融合，并尽全力做到对可能发生的冲突防微杜渐。

在实施标杆管理法的过程中最为重要的一点是，团队必须建立愿景规划，领导者要使全体员工坚定地相信，通过严格执行标杆管理法，成员自身能力与业绩能够得到显著提升，团队的良性发展与未来愿景一定能够达成与实现。为此，团队领导者还可以建立一个标杆管理小组。该小组必须以一线团队成员与团队中层成员为主，同时必须包括团队领袖本人，这样做是为了更好地推进标杆管理法的实施，同时最大限度地调动团队全体成员参与的热情。在微商团队里，领导者还可以建立一个能够对标杆管理过程中的所有问题进行随时沟通的渠道，以便于领导者随时了解团队成员对标杆管理法实施的态度及意见。

第6章 微商团队管理修炼七剑之第四剑：紧抓核心骨干

在微商团队管理的内容里，有一个核心的部分，而且是一条对管理者而言非常重要的管理经验，我们称之为“紧抓核心骨干”的管理方法。这也是本书微商团队管理七剑的第四剑。它来源于深厚的企业团队管理经验，尤其对于成员数量比较大的团队而言，这种方法通常既有效率又有效果。

6.1 业绩领域的二八定律

为什么我们强调让微商团队的领导者在管理中紧抓核心骨干而不是去管理团队中的每个人？想弄清这一点，就要从著名的企业管理“二八定律”说起。

企业管理中的二八定律

二八定律又名 80/20 定律、帕累托法则，也被称为巴莱特定律、最省力的法则、不平衡原则等。它经 19 世纪末 20 世纪初意大利经济学家巴莱特提出后，被广泛应用于社会学及企业管理学等领域。二八定律的主要内容是，在任何一组东西中，最重要的只占其中一小部分，约 20%，其余 80% 尽管是多数，但却是次要的。

20 世纪 70 年代，美国一家企业管理咨询公司在例行的普查活动中，研究分析了美国百余家公司的经营状况和业绩。结果发现，凡是经营状况良好且业绩优秀的公司都符合二八定律。公司 80% 左右的业绩是由 20% 左右的人才创造的，因为这 20% 左右的人才集中了公司 80% 左右的技术和管理经营职能。

像上述这样的案例举不胜举。在企业管理中，二八定律的应用非常广泛，如在时间管理、客户管理、财务管理、资源管理、产品管理、人力资源管理等方面，二八定律都被当作一个指导性的法则被众多公司采用。尤其是在团队人员管理方面，二八定律被很多知名企业奉为人力资源管理法则。

通用电气公司永远把奖励放在第一，它的薪金和奖励制度使员工们工作得更快，也更出色，但只奖励那些完成了高难度工作指标的员工。摩托罗拉公司认为，在 100 名员工中，前面 25 名是好的，对于表现好的要设法保持他们的激情。诺基亚公司也信奉二八定律，为最优秀的 20% 的员工设计出一条梯形的奖励曲线。

由此可以看到，在一个团队的人力资源管理问题上，要重视“二八群体”的存在，即 20% 的人才群体和 80% 的普通群体，这在任何一个团队中都是客观存在的现象。这两个群体是相互依存、相互促进的。作为团队的管理者应当对这两个群体采用不同的激励措施，只有这样才能在团队内部营造一个适合“二八现象”产生的和谐环境。

团队管理用好二八定律

我们说二八定律是团队人员管理的准则。团队作为一定数量个体的结合体，人在其中是最重要的组成部分。因此，作为团队的领导者必须树立以人为本的人力资源管理理念，按照二八定律来规划团队的结构，使 20% 的骨干精英不能过多，也不能过少，这是因为精英过多容易产生不必要的内耗和竞争，而过少则会使团队缺乏竞争力，不利于团队整体水平的提高。对于二八定律的应用，微商团队的领导者应当做到以下几点。

第一，在坚持公正原则的基础上区别对待“二八群体”。这里所说的公正原则包括利益分配的公正性、决策的公正性与交往的公正性 3 个方面。在团队的人员管理中，利益分配的公正性主要表现在工作业绩评估、工资与奖励分配、职务晋升、进修培训机会等方面。团队成员往往会将自己所得的利益与所付出的代价，如承担的责任、承受的压力与工作的时间等与团队的其他成员进行比较，以评估自己是否得到了公正的对待。因此，团队领导者在利益分配的问题上不能出现偏颇，以防止团队的稳定性受到影响。

随着团队的不断壮大，一个团队积极的发展前景会使团队成员对领导者决策过程的公正性变得特别重视。调查研究结果表明，如果一个团队成员认为，团队领导者对所有成员都能够做到一视同仁、根据准确客观的信息做出决策、工作中能有错必纠、各项决策符合道德规范，那么即使决策结果对自己不利，他们也会接受。这就是决策公正性的重要意义所在，它能够使团队成员客观地看待决策结果，从而保证团队的健康成长。

交往的公正性指的是团队成员在与上级领导的人际交往过程中所感受到的公正待遇的程度。在团队的人员管理中有这样一个现象，即 20% 的人才群体和 80% 的普通群体对上述 3 方面公正原则的要求是不同的。20% 的人才群体因为各有所长，能力较强，因此对个人的收入、职务等有较高的关注。正因如此，他们更加重视利益分配的公正性；而 80% 的普通群体由于自我定位不高，因此更加重视决策的公正性和交往的公正性，如有些人比较关注决策公正性为自己带来的晋升机会。

第二，建设一种适合二八定律的团队文化。团队文化由团队领导者倡

导，在团队的经营管理实践中形成，并被团队所有成员认同。它能规范团队运作的一系列行为，并且代表着团队的外部形象。因此对于一个团队来说，形成成熟的团队文化非常重要。二八定律在团队文化中的应用应当秉承 20% 的人才群体根植于 80% 的普通群体之中，他们之间的关系是“满园春色”，而不是“一枝独秀”。毋庸置疑，20% 的人才群体对提高 80% 的普通群体的素质有着示范作用，但同样应当考虑到整个团队的稳定性。因此作为领导者在紧抓 20% 人才群体的同时，还应当考虑如何提升另外 80% 群体的普遍能力和水平，这才是团队文化设计的重点。

团队领导者可以通过建设团队文化的过程来倡导好的精神、培养好的作风、形成好的工作氛围等，以此促使“二八现象”产生，使团队的人力资源得到和谐、有效的配置，从而推动团队的快速发展。

第三，最为重要的是合理利用“二八定律”来培养骨干精英。首先是培养团队成员对团队的忠诚度。很多管理案例告诉我们，对于如何留住那些骨干成员，很多团队打的都是“感情牌”。让“感情牌”起到应有的作用，需要团队领导者与团队成员开诚布公进行沟通，与团队成员共同分享团队的未来愿景，并设法增加团队成员对团队事业的认同感。在微商的团队里，其实大部分成员骨子里都有一份敬业之心，而作为领导者所要做的就是激发团队成员的这份情感。

在微商行业整体发展处于瓶颈时期时，一个好的团队文化环境会成为留住 20% 核心骨干成员最好的利器，但这需要团队领导者在平时就做足功课才行。作为现代人力资源管理思想的最高境界和核心，团队文化不但是团队的核心价值观的体现，还规定了团队成员的基本思维模式和行为方式。好的团队文化会营造一个健康和谐的工作环境，促使所有团队成员和团队共同进步、共同发展，变成员对团队的被动忠诚为主动忠诚。

第四，提高团队成员的积极性，留住骨干核心，为他们增加收入是很多团队最常用的方法。毕竟收入的增加最实在，但是其中幅度却很难把握，一旦不慎就容易激化团队成员之间的矛盾。收入增加的幅度本身也存在学问，加少了没效果，加多了团队又承受不了，而且如果频繁使用这种方法，对团队来说就意味着更大压力。尤其是当微商行业增速放缓的时候，对团队造成的负担更甚。因此，领导者们可以采用其他的变通方式来提升核心骨干积极性，如给核心骨干提供讲师培训机会，或者树立核心骨干为标杆等。让核心骨干担任讲师对其他团队成员进行培训可以满足他们维持或拓展自己能力和竞争力的期望，同时也可以满足他们内心被关注的期望，从而使其增加对团队的贡献力和忠诚度。标杆管理法还能够满足核心骨干的晋升预期，相当于变相为核心骨干带来了职位上的晋升，这也不失为一种增强其积极性的方式。最后微商团队领导者还可以采用适当分权的方式来调动核心骨干的积极性。领导者可以适当把手上的权力分给核心骨干们，让他们承担更多本职工作以外的责任。管理权力能够让这些核心骨干从以往的成员角色转变为团队管理人角色，更有助于他们带动整个团队提升战斗力，同时也把他们与整个团队捆绑得更加紧密。

上述就是二八定律在微商团队管理中的应用方式，它帮助团队领导者通过主要抓好 20% 的核心骨干力量的管理，再以 20% 的少数带动 80% 的多数团队成员，提高团队的效率。它是微商团队管理的重要定律，既能够提升团队的整体业绩，又分担了团队领导者繁重的团队管理工作，是一种一举两得的管理方法。

6.2 学会授权：分销体系下的“两级”管理法

针对微商团队管理而言，紧抓核心骨干的做法在实际应用里应体现在分销体系下的“两级”管理法上。

微商的团队膨胀与应对之法

对大多数微商而言，团队发展壮大的过程非常快，团队成员达到万人以上的微商也并不少见。得益于微商行业的快速发展，加入的人越来越多，当然团队就会膨胀。除此之外，微商的分销模式也造成了团队人数的迅速扩大。我们都知道，微商是做产品，其销售模式发起于微信朋友圈。当产品成为爆款后，依靠朋友圈的推广所吸引的关注度会很高。单一的微商个人既无法形成规模销售，又无法扩大产品推广面，因此分销代理成为其发展的出口。依靠分销体系让更多的人加入微商，逐渐发展成为微商运营的常规模式。

于是我们能够看到，微商领导者的团队群越来越庞大，人员越来越多。此时一个难题出现了，那就是尽管团队发展红红火火，但面对如此庞大人数的团队，领导者们的管理难度显著增加，花费在管理上的精力越来越多，效果却越来越差。最常见的现象就是，团队成员之间的紧密度变差，管理无法顾及所有团队成员，管理措施实施效果不佳，团队凝聚力下降等。

面对这种局面，微商团队的领导者们到底应该如何应对？如何在分销体系下团队膨胀时仍然能够抓紧管理利剑，让管理起到应有的效果？

想要解决上述问题，只有依靠分级管理法。所谓的分级管理，即把微商团队按照分销代理层次进行级别划分，如在核心团队下可以分为一级分销、二级分销……以此类推，然后设定逐级管理的管理模式。

利用分级管理法不仅能够节省团队领导者的大量时间精力，而且能够使管理逐级延伸至团队的每个地方，管理效果比统一管理要显著得多。

微商团队管理的“两级”管理法

在采用分级管理法的时候，有一个法则必须遵守，那就是每个级别的管理范围最多只能往下延伸两级，即一级分销管理二级和三级分销，并且重点是管理下一级，即一级分销的管理重点是二级分销。而作为团队领导者，其管理的重点肯定是一级分销商，如图 6-1 所示。

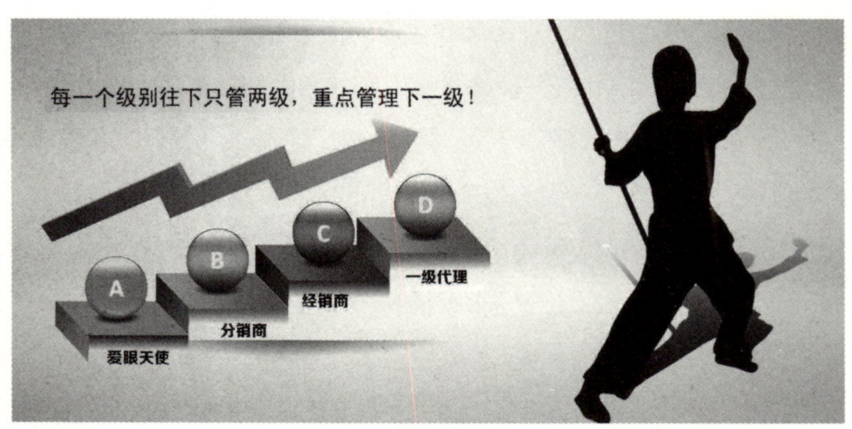

图 6-1 微商团队管理“两级”管理法

因此，团队领导者可以把团队群进行优化，分为 3 个不同的群：**第一个是核心群，第二个群直属群，第三个就是整个团队的大群。**下面我们就来详细介绍如何利用这 3 个群进行团队管理。

核心群，顾名思义就是由那些和你关系非常紧密的团队成员建立起来的群。群里的成员包括平时和自己关系不错的分销商或代理商朋友、自己的亲戚或者同学代理，一些已经和你合作很长时间、一直有良好合作关系的老代理等能够帮助你的人。在这个群当中，除了交流一些微商遇到的难题之外，重点是要加强感情交流。

怎么加强情感交流呢？这个其实并不难。如你在网上买了一件衣服，上身效果很好，价格还不贵，这时候就可以分享给大家；你今天遇到一件十分有意思的事情，也可以分享给大家。最重要的是多和群里的人沟通，沟通内容不要仅限于微商，可以聊聊生活，聊聊兴趣爱好。

除了在线上加强感情交流，如有条件，也可以开展线下交流。例如，如果团队领导者和群里成员居住距离不远，就可以经常组织一些诸如吃饭、K 歌、游玩之类的活动。

通过上述这些情感交流方式，团队领导者和这些核心成员之间的感情会逐渐加深，最后这些核心代理就会成为管理团队的中坚力量。这也是团队领导者建立核心群最重要的目的。这个群与体系上的两级管理并无直接的联系，但是却可以成为团队领导者筛选核心团队成员的一个候选群。

直属群是微商团队管理者实施两级管理法的重点。这个群内的成员都是团队领导者的直属分销商或代理商，也就是一级分销与代理。他们是需要重点管理的对象。作为团队的领导者，要起到带领团队进步的作用，所以对自己的直属群成员要做到以下两点：

首先，定期检查直属群内成员的朋友圈，了解他们的微商工作开展得怎么样。检查周期可以是三天一次，也可以一周一次。对于检查中发现的问题要及时和代理沟通，给出合理的建议，帮助直属群成员去打造朋友圈。同时还要让其他人知道你做的这些工作，如将检查结果发布到群内，或者发布到朋友圈，让团队成员感觉你是一个负责任的团队领导者。

其次，根据每位直属群成员情况的不同，给他们设置阶段性的目标。目标能够调动起群成员的工作积极性。当他们完成了设定的目标之后，领导者还要给予一定的奖励，可以是口头奖励，也可以是物质奖励。懒惰心理是每个人都有的，所以领导者要经常去督促这些直属成员，让他们时刻保持高昂的斗志。

一方面，为了更好地实施软性管理，团队领导者要具有较高的情商。现实的情况是，一些微商团队领导者虽然在工作方面能力十足，但是情商较低，经常因为说出不合适的话让直属成员感到不满。有些原本出于好心给出的建议，也因为说话方式不当引起直属成员的反感。所以说话是一门学问，和情商有密切关系，团队管理者必须要特别注意。

另一方面，团队管理者要将代理们看作自己亲密的朋友，同时把这种看法表达出来，让他们知道你和他们并不仅是生意伙伴，还是关系密切的朋友，他们可以将你当做倾诉对象，无论生活还是工作方面的问题都可以告诉你。如果可以的话，尽自己的能力去帮助他们。其实帮助他人就是在帮助未来的自己。

综上所述，微商团队管理中“两级”管理法的核心其实就是区分级别以及按级管理。管理者的精力毕竟有限，当团队人数过大时，顾不过来是很正常的。但对于一个团队而言，缺乏管理就无从去谈战斗力的问题，因此“两级”管理法的作用就显得格外重要。团队领导者以管理下一级为主，管理下下级为辅；对于一级代理而言，同样应当以管理自己的下一级为主，下下级为辅。以此类推把管理做到团队的最底层，从而最大化地实现管理效果。

当然，对“两级”管理法的理解不能过于死板，它并不是让微商的领导者们把所有的管理行为都施加于自己的下一级，而不去管团队的其他人。要知道微商领导者的第三个群里是团队的所有成员，对这个群同样需要管理，这时候微商领导者应当多采用培训与制度的管理方式。

在团队大群当中，一对一的定期检查朋友圈显然不大现实，这时培训就显得非常重要。如果没有及时的培训，一部分团队成员的积极性会随着时间的推移而不断降低，时间长了这部分人就会成为落后分子。当这样的情况出现时，团队领导者就等于间接地将自己的客户送给了其他人。因此，增强成员的团队黏性是领导者应该去做的，而培训则是最好的方法。

另外，作为团队大群，里面的成员数量少则几十，多则上百成千，这时就需要规定一个制度。当有成员第一次违反制度时，给予一次警告。如果还不改正，那么立刻清退出去，没有例外。领导者可以是成员们的好朋友，但同时也是团队成员的领导者，所以必要时应展示领导者的态度。因为破坏制度的人如果不及时清退，很可能会影响到其他团队成员，所以此时的管理就显得非常必要了。

由此可见，对于微商的团队管理而言，既要用“两级”管理法来重点管理，同时对整个团队的大管理又要给予足够的关注，两相结合，双管齐下，才能够获得最好的效果。

6.3　自上而下，紧抓骨干不动摇

本章我们一直在强调，在微商的大团队里，二八定律表现得淋漓尽致。如果团队领导者认认真真地盘查一下，就会发现其实整个团队业绩的 80% 都来自于 20% 的团队成员。很显然这 20% 的人就是团队骨干，他们就是领导者必须紧抓住的人，因为团队骨干的去留对微商团队而言具有举足轻重的影响。我们经常可以看到，一个骨干的离开带走了很多团队成员，对微商团队造成的损失非常大。基于此，如何有效管理这些团队骨干就成为微商团队管理迫切需要解决的问题。

从微商行业的发展过程里，我们能够看到，随着很多平台投入巨额广告和大规模团队的兴起，个体微商逐渐被淹没，微商竞争日渐激烈。在这个过程中，一些团队的凝聚力薄弱，导致团队人员特别是骨干人员流失严重，团队面临着被洗牌的困境。

面对如此现状，管理就成为微商团队发展的重点，尤其是对团队核心骨干的管理就显得更加重要。想要管好团队骨干，首先要明确哪些是实现团队目标不可或缺的核心人员。想要做到这一点，除了根据业绩指标外，还要对团队成员队伍的现实任职素质进行统一的盘点。挖掘出团队骨干后，对他们的保留有两点需要考虑进去，即人的保留与人所拥有的资源的保留。

评测骨干

团队领导者要根据微商团队的发展战略来决定团队所需的人力资源，从而明确哪些是实现战略目标不可或缺的核心人员。接下来，就要对所有团队成员的现实任职素质进行大盘点，如微商团队现有人员是否已满足业务对团队骨干的需求，同时要分析外部人力市场的变化趋势及内部员工流失率情况，预测团队骨干队伍未来的发展变化与业务发展的匹配情况。综合上述所有因素，就可以对团队骨干进行整体、系统的战略性规划，从而为团队骨干的有效管理奠定良好的基础。

培养骨干

如果领导者发现自己团队中的骨干成员不足20%，那么就需要把工作重点放在培养团队骨干方面。团队骨干的梯队建设是保证团队骨干队伍健康稳定发展的重要手段。领导者要选拔认同团队价值取向、素质高、有潜力的团队成员，有计划地给予重点培养，逐步形成团队骨干队伍的阶梯式结构，从而持续有效地支持团队目标的实现。

留住骨干

团队骨干往往都是具有较强能力的成员，所以一旦他们对现实产生不满就会出走，去别的团队根本不是难事。因此对于领导者而言，**留住团队骨干需要从两点出发，即人的保留与人所拥有的资源的保留。**留人的本质是留心。创造良好和谐的团队文化氛围，追求团队与个人的共赢，是留心的根本。然而，如何把个人优势转化为团队优势则是保留团队骨干的重点工作，如骨干人员所拥有的核心技能、经验积累、个人声誉、客户关系等，这些资源常因人的流失而被带走，给团队带来很大的损失，微商团队面临的问题之一就是如此。因此领导者需要加强团队建设来有效转化个人优势，让个人在团队中所起到的作用分散化，实现团队内资源共享，从而分散和降低团队对个人的依赖性。另一个有效的方法是加强制度化的规范管理，如技能知识的管理制度、客户关系的管理制度等，通过制度把个人所拥有的资源记录、整理、分享并保存，从而变成团队的资源和优势。

激励骨干

对团队骨干的利益分配也是一个重要的方面，领导者要重点考虑中长期的利益分配方案。团队骨干队伍的开发重点在于素质开发，高素质是高绩效的基本前提。由于团队骨干是团队价值的主要创造者，那么如何有效激发他们的斗志、激励他们保持最佳绩效，是关系到微商团队能否能实现业绩目标的关键所在。这里领导者可以主要从两个方面入手，即团队骨干的绩效奖励和非绩效奖励。

关键员工的绩效管理指的是当骨干成员们出色地完成了业绩指标后，领导者要相应地对超出业绩指标的部分给予奖励。领导者可以通过分析来确定一段时期内团队的关键绩效指标，并由此确定团队骨干的牵引性绩效指标，从而把团队骨干的主要活动和团队战略紧密结合，保证团队骨干的绩效贡献直接支持团队业绩目标的实现。而当其实现了团队的业绩目标后，领导者也不能吝啬，必须兑现当初所设定的绩效奖励，甚至可以额外多给一些。这样的举措往往能够起到拉拢人心的作用，让团队骨干们心存感激，同时以更大的热情和动力去面对今后的工作。

当然，有一点必须注意，团队骨干是一个团队不可或缺的重要资源和核心动力，有时甚至决定团队的生死存亡，因此这种唇亡齿寒的依存关系决定了对团队骨干的绩效管理在短期绩效目标完成所实施的奖励基础上，还要重点考虑中长期方案。领导者可以效仿现在很多企业实施员工持股计划和期权计划的样本来做，这些流行于企业中的激励方式正是基于企业长期利益的考虑，对于微商团队来说也同样适用。

除此之外，团队领导者还必须明白，单纯的绩效奖励仅仅是激励手段中的一个方面，人们付出劳动得到的回报其实包括经济与非经济性两种，因此除了绩效奖励外，还存在着非绩效奖励的方式。如前文提到的团队标杆、优秀团队成员的个人推广、培训讲师资格……团队领导者可以根据团队的实际情况配合使用这些方式，与绩效奖励一并形成激励团队骨干成员的有效方式。

本章我们介绍了微商团队管理中的紧抓核心骨干的管理方法。一个微商团队重要的生命线除了产品外就是核心骨干，他们的存在是团队得以向前发展的基石，因此作为团队领导者必须对此加以重视。很多失败的案例，都是由于核心骨干的流失造成了整个团队的覆灭。因此在微商的战场上，领导者一定要掌握有效聚集骨干的方法，只有这样才能保证团队整体的健康发展与长久运营。

CHAPTER 7

第 7 章

微商团队管理修炼七剑之第五剑：团队 PK 竞赛管理

在微商团队管理的理论中，团队 PK 竞赛管理也是其中一个部分。这种管理方法来源于人的本性与本心，那就是在人的本性中，喜欢比较是一个固有的特征；人的本心里，喜欢竞争是一个与生俱来的特质。团队 PK 竞赛管理的理论出发点就基于此。

7.1 建立竞争机制，营造竞争氛围

在微商团队中，一个领导者能否激起团队成员的竞争意识，从而调动团队的积极性，对于团队本身以及他自己而言都是十分重要的。**一方面，对团队来说，良性的竞争能够提升团队成员的工作热情，促进工作结果的理想化；另一方面，对领导者而言，引入竞争机制让管理的难度显著降低，管理的效率得到有效提升，用在成员个人管理上的精力将可以大幅减少。**

竞争机制的作用

一个健康团队的内部，团队成员必须要有竞争意识。**竞争所带来的直接好处主要有两方面，其一是满足了团队成员自身提高水平和技能的需要，其二是满足了完成团队业绩目标的需要。**

在团队内部引入竞争机制还能够为团队带来更多隐形好处，如竞争机制的建立有利于打破另一种形式的团队大锅饭现象。如果一个微商团队内部没有竞争，在开始的时候，团队成员也许会凭着一股激情努力工作，但时间一长，当发现无论是干多干少、干好干坏，结果都是一样的，那么团队成员的热情就会迅速减退。这其实就是一种披上团队外衣的大锅饭现象。而通过引入竞争机制，实行赏优罚劣，打破这种看似平等实为压制的利益格局，团队成员的主动性、创造性才会得到充分的发挥，团队才能长期保持活力。

除此之外，在团队内部引入竞争机制还有利于团队结构的进一步优化。微商团队因为行业的迅速发展而快速壮大，在这一过程里团队领导者对其成员的特长优势并不能够做到完全了解，因此在工作中自然也就不可能做到才尽其用。引入竞争机制，一方面可以在内部形成“学、赶、超”的积极氛围，推动每个团队成员不断提高自身能力水平；另一方面，通过竞争的筛选，团队领导者可以发现一些核心骨干，从而做到重点管理、重点培养，而那些不能胜任微商工作要求的团队成员自然而然就会被淘汰。这样就实现了微商团队结构的最优配置，节省了领导者的管理精力，实现了团队管理效率的最大化。

建立良性竞争机制

那么既然团队内部竞争机制如此重要，要想实现它应当如何去做呢？这就需要一种制度来保障，即让竞争做到有章可循，有法可依。同时，在建立内部竞争机制的时候，领导者还要注意团队成员相互之间是竞争，而不是斗争，这种竞争必须建立在理性的基础上，而不能让团队成员为了赢得竞争而不择手段。团队领导者可以采用以下方式来引入竞争机制。

首先是鼓励争论。在一个团队里虽然协作是核心，但这并不意味着是一潭死水，没有争论，而是应该有争论，用争论来激活团队的气氛，激发成员的竞争意识。

其次是在内部设立业绩考核标准。业绩管理作为团队管理体系中的核心部分，是团队通过业绩考核等管理手段和方式对团队成员及团队整体业绩进行管理的方式。业绩考核是竞争机制得以建立的必要条件。团队领导者可以通过设定业绩考核标准及与其相对应的奖惩机制来促进团队成员间的内部竞争。

最后是在团队中构建竞争型小组，通过团队内部的评选机制制造榜样队伍，从而激励团队中其他成员参与到竞争中来。为了鼓励团队中小组之间的竞争，团队领导者应当确定优秀小组、优秀小组成员、优秀管理人员等一系列评选标准，并认真实施。通过设置内部群体之间的有序竞争去激发团队的动力，使得公司的每一位员工始终处于精神饱满的工作状态。

维护团队竞争氛围

建立了竞争机制并不意味着万事大吉，团队领导者还要维持这种为团队创造出的竞争氛围，使其持续地在团队成员之间发酵。尤其是像微商团队这样以销售为主的团队中，必须要保持这种相互比拼的竞争氛围，才能让团队成员总是能够燃起斗志和工作热情。尽管这样做看似增加了工作压力，但是要知道在微商的世界里没有压力就没有动力，只有这样才能最直接地刺激每一个团队成员，让整个团队时刻保持临阵以待的状态，从而保持活力。维护团队竞争氛围，微商团队管理者可以采用下面的几种方法。

第一是定时公布团队内成员的业绩完成指标。无论是考核销售额或是新客户开发进度，又或者其他指标，领导者在团队内部应当定期地将各团队成员的指标进行公布。这样的做法胜在比较直接，对优秀的团队成员具有很大的激励作用，同时能够让落后者看到差距。但是有一点必须注意，那就是领导者对考核的指标选择要慎重。如果没有考虑到综合因素的差异而仅仅是一刀切地来考核，反而会适得其反，引起团队成员的不满。

另一种方法与第一种大致相同，只是指标公布的时间不定期。这种不定期公布考核指标的做法会使领导者能够根据实际情况对团队内部进行平衡，便于控制团队内部气氛，提高团队的控制力。

第二是私下谈话的方法。这种方法多用于新进成员比较多的微商团队。领导者将指标定期或不定期地以私下交谈的方式透露给团队成员，一方面让团队成员产生领导重视自己的感觉，另一方面也可以让团队成员有时间通过学习提高后再参与竞争，创造团队里公平竞争的局面。

通过竞争比较后，很显然团队中的落后者会产生受挫心理，领先者或许会产生沾沾自喜的心理，这都是很正常的。但是领导者要控制其发展，否则只会给团队带来不利影响。领导者需要做的是，把团队竞争结果转化为促使团队成员进行学习的动力，正是因为对团队成员业绩指标的评判不是为了批判和惩罚，而是为了让团队成员进一步学习和完善自身。不管业绩优秀还是稍逊一筹的成员都有彼此可以借鉴的地方，领导者应该在团队全员中灌输这种意识，让团队成员互相学习，努力地完善自身工作。领导者要尽最大可能让团队成员逐渐成长起来。要知道，一个团队靠的是每一个人，而不是某一个人。因此，只有每个团队成员能做到最好，整个团队才有可能更优秀。

团队内部竞争方式

对于一个团队而言，在内部竞争机制里采用的竞争方式呈现出多样化的特点。微商领导者可以根据团队成员岗位的不同设计出很多类型的竞争形式（图 7-1），如销量 PK、卖家秀 PK、文案 PK 以及单品销量 PK 等。

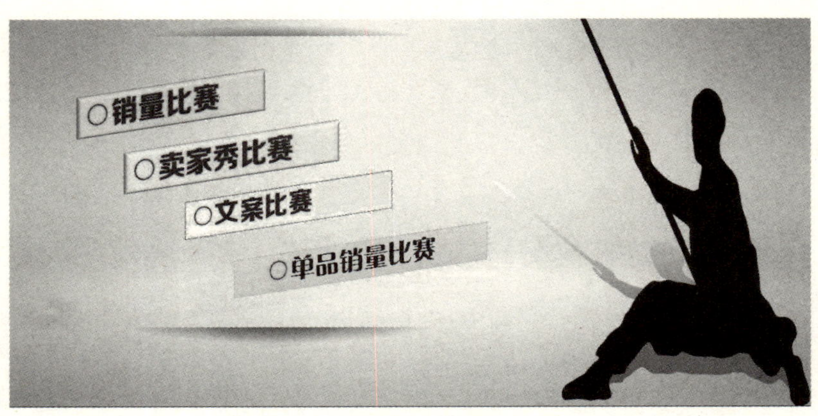

图 7-1　团队 PK 竞赛管理

所谓销量 PK 就是将团队销售人员的销售额、销售量作为业绩考核指标的一种竞赛方式，它的目的是通过刺激销售人员的个人业绩，从而实现团队业绩的迅速飙升；卖家秀 PK 实际上是一种针对产品推广方面的竞赛，无论是推广创意还是图文制作都是 PK 的内容指标，最后的目的当然是为了通过竞赛提升销售业绩；文案 PK 竞赛针对团队的文案策划人员而设立，通过文案输出效果来对岗位人员进行评估；单只销量 PK 类似于评比单品销售状元，是将销售人员在一段时期内某个单品销售作为评判标准的，以销售量的多少作为竞赛胜出的条件。

类似上述的竞赛 PK 的方式还有很多，最重要的目的只有一个，那就是通过引入团队内部竞争机制来实现团队成员素质的提升，同时实现团队业绩的迅速提升。

7.2　销量 PK：让团队业绩迅速飙升

销量 PK 是团队竞争方式里最常见的一种，是以销售量竞赛的方式来激励团队成员完成甚至超额完成销售目标的一种方法。俗话说，“火车跑得快，全靠车头带”。在微商团队里，分销商和代理商无疑就是车头，他们是微商团队最重要的组成部分，因此对他们引入竞争机制成效是最为显著的。

销量 PK 方案设计

想要实施销量 PK 的竞赛，团队领导者必须要设计出规范的竞赛方案，其中包含明确的竞赛目的、竞赛内容、参与对象、参与时间、奖励方式以及具体实施内容等。

团队领导者可以参照下面的案例。

某公司销售团队的销量 PK 竞赛方案是这样设计的。

活动目的：激励全体团队成员，发挥团队协作优势，短期提升销售额，提升毛利。

参与对象：公司全体销售员、促销员。

参与时间：20×× 年 × 月 × 日—20×× 年 × 月 × 日，为期 15 天。

奖励方式：分组排名奖励。

具体内容：

1. 各销售团队在活动前每天进行培训以及销售演练；

2. 团队办公室所需的支援明细；

3. 销售 PK 目标及预算；

4. 销售达成奖励。

活动前活动形式培训、销售演练以及准备工作：

1. 重点培训团队成员的销售技巧，利用不同品类、不同形式的促销方式来引导顾客消费，培训团队成员的主动性、服务意识、关联性商品搭配销售技巧；

2. 每天安排促销员支援促销活动销售，每天销售高峰时段门店全体人员必须投入到卖场销售中，重点的食品、用品、纸品各岗位必须有现场导购人员，值班店经理亲自在卖场做现场人员及其他调配，在没有顾客的情况下维护排面陈列及货源的补充工作；

3. 团队负责人在每天例会（早、晚班开会时间）时组织团队成员现场演练销售技巧和服务方式;

4. 在活动商品缺货的情况下联系团队负责人等相关人员进行调货，团队负责人协助货源的协调跟进。

团队办公室支援销售团队销售明细:

1. 销售 PK 赛期间，办公室人员必须按以下指派支援销售，销售团队要把销售任务分解到每天、每一个员工，包括支援人员;

2. 监督人员做好相应的定岗定位及货源等相关协调工作。

销售 PK 目标及预算:

销售团队销售 15 天合计达成保底预算 100% 以上参与 PK 奖励，达成率由高到低进行 PK 评选。

销售 PK 赛分组及奖励明细：

1. 分组 PK 明细;

分组为：A 组、B 组、C 组

A 组：第一名：奖金 5000 元 + 奖状，第二名：奖金 2500 元 + 奖状（全公司通报表扬）

B 组：第一名：奖金 4000 元 + 奖状，第二名：奖金 3000 元 + 奖状（全公司通报表扬）

C 组：第一名：奖金 3000 元 + 奖状，第二名：奖金 1500 元 + 奖状（全公司通报表扬）

2. 每个销售组做好人员的定岗定位，安排促销员支援销售，确保有足够的销售人员为顾客服务;

3. 每天公布销售额，让团队成员清楚销售达成率;

4. 每组达成率最后一名的团队成员需要接受相应处罚，处罚内容待定。

上文是一个典型的销量 PK 竞赛方案。尽管它的销售实施是在线下，这一点与微商销售有所区别，但是方案的流程与内容可以作为微商团队领导者的参考，其方案从合理性和实用度来看都是相当成熟的。

 实施销量 PK 竞赛需要注意的问题

如果在微商团队内部实施销量 PK，那么有一些问题是需要特别注意的，它们包括以下方面。

第一，不要举行个人与个人之间的竞赛，这样容易引起团队成员之间的互伤行为与作弊行为，导致整个团队成员的情绪受到影响。领导者应当采用团队与团队之间的竞赛方式，例如，将代理商分为两个或三个团队，然后进行竞赛。这样，优秀的销售者帮助团队里落后的销售者，团队里落后的销售者也会害怕因为自己的业绩不理想影响整个团队的竞赛成绩，这样一个小团队内部的互帮互助风气就自然形成了。这样的好处是对整个团队今后的发展都能起到积极正面的影响。

第二，竞赛的奖励设置必须是围绕团队成员而展开的，最好能够收集团队成员对此的反馈信息，如他们获胜了想要什么，而不是由领导者自行决定奖励形式，然后想当然地颁发给获胜的团队。这样做的原因是，如果竞赛的奖励对团队成员来说并不感兴趣，那么，以后领导者再采用竞赛手段时，团队成员可能就不会买账了。一般来说，竞赛获胜的团队提出去某某地方玩两天这类的奖励需求是非常贴切的，团队的领导者一定要答应，甚至有空的话要和他们一起去，主要目的不是去玩，而是拍些照片，拿回来发布在团队的群里，用来激励获胜的团队，也让失败的团队受点刺激，让他们下次竞赛时能够好好把握机会。这样，这些“胜利者”的照片不仅能够成为团队发展过程里美好的回忆，更能够激励团队的所有成员更加努力地工作，在下次竞赛的时候取得超越以往的销售成绩。一旦形成了这样的风气，那么微商团队的领导者们就可以在自己的办公室里偷着乐了。

第三，设定好竞赛的目标并且定期通报竞赛进度。例如，一个团队一个月的销售额是 100 万元，那么团队领导者必须派专人每天整理好每个团队的进度，然后每天都发布进度情况给整个大团队里的每个人。为什么要

这样做？理由有两个，其一是如果不这样做，竞赛团队成员很可能过几天就忘记了竞赛这回事，PK 竞赛初期积累的热情就会冷淡下来；其二是能够让竞赛团队的每个成员每天都能知道竞争对手的进度，给予他们紧迫感。

第四，设定竞赛的时间不能太短。如果只有 1 天，这个时间太过短暂，短到竞赛团队所有成员还没搞明白情况的时候就结束了，这样竞赛的参与感会降低。**当然竞赛的时间也不能过长。**如半年，这个时间就过长了，竞赛团队的成员会失去竞赛热情，对竞赛会越来越不上心。根据以往的经验，最完美的销量 PK 竞赛时间是 1 个月。这个时长刚好与团队的月度总结周期相吻合，当完成竞赛后，所有的参与成员也能够获得喘息的时间，重新调整状态，在下一个月里继续改进提高。

第五，每次 PK 竞赛都只安排一个目标。单一的目标有助于帮助参加竞赛者全身心集中精力去完成。如果同时设定几个目标很容易让竞赛团队成员疲于奔命，顾此失彼。一旦竞赛成绩不佳，不仅影响竞赛的效果，而且也会打击团队成员的自信心。

7.3 卖家秀 PK：发挥成员人格魅力

在微商团队众多的竞赛 PK 方式里，卖家秀 PK 是一个颇具微商特征的竞赛形式。它来源于网络上非常流行的“买家秀”，指的是购买某商品的顾客（买家）把买来的商品以文字或实物照片的形式在网上展示（秀）供其他买家参考的行为。这本身是一种带有分享成分的网络用户常规行为，但是却被微商加以利用，变成了一种非常有效的推广销售方式。也正因如此，我才把它称之为“卖家秀”而非“买家秀”。

微商推广锁定“买家秀”

买家秀最早起源于互联网电商平台。买家秀的形式能够给其他买家带来一定的用户体验，从而提升电商服务质量。买家秀是买家尽情展示用户淘宝体验和心情故事的地方。买家可以通过文字或图片方式自由地秀出所购买商品的质量、美观程度以及实用性，同时还可以写下购物心得和卖家提供的服务质量等内容。这种自我展示的方式得到了电商购物用户的喜爱。随着越来越多买家的加入，买家秀的另一个功能慢慢凸显出来，那就是它成为了商家和买家之间的一种互动的宣传方式。很多卖家开始在买家秀的舞台上利用买家的展示开展互动，推广自己的产品，微商也不例外。

买家秀成为微商重点推广的渠道（图 7-2）是因为在这之前很多微商都是自己做产品展示，其实从心理学上这种方式是最不具备说服力的，会让人有种自卖自夸的嫌疑。而买家秀的特征是通过第三方的反馈来展示产品，这样的形式大大增强了说服力。很多微商都会鼓励自己的客户把感受分享到他自己的朋友圈，并对分享的用户提供小礼物等奖励，这样的方式确实扩大了微商产品的影响力。微商们会与买家进行沟通，要求买家晒出使用产品后的照片，即使没有“买家秀”的平台，也可以形成照片墙在朋友圈晒出来。这就是微商们利用“买家秀”展示形式推广自己产品的常规方法。

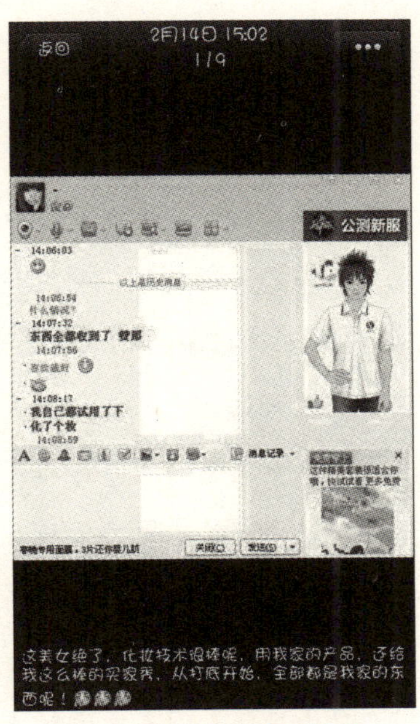

图 7-2　微商买家秀推广

“卖家秀”PK方式

在微商竞赛PK里引入“卖家秀”PK实际上是对微商团队成员推广能力与产品输出能力的综合检验，因此这种PK方法对团队成员的综合素质要求更高。团队领导者在进行“卖家秀”PK竞赛设计时，可以参考下面的方案。

某微商团队“卖家秀”PK竞赛方案是这样设计的。

活动目的：让团队推广人员熟练使用买家秀推广方式，继而从推广角度提升团队销售业绩。

参与对象：公司全体推广人员、客服人员。

参与时间：20××年×月×日—20××年×月×日，为期15天。

奖励方式：分组排名奖励。

具体内容：

1. 各推广团队在活动前每天进行买家秀推广培训以及实战演练；

2. 采用客服人员联系买家让推广行为落地，推广人员跟进与买家互动的方式；

3. 实现推广目标及预算；

4. 竞赛优胜奖励。

活动前活动形式培训、推广话术演练以及准备工作：

1. 重点培训团队成员的推广沟通技巧，利用具有亲和力的推广话术与技巧来和买家进行直接沟通，以礼品奖励或者其他形式引导买家使用买家秀展示产品，从而实现推广目的；

2. 每天安排客服人员完成一定量的买家秀推广条目，并跟踪买家秀发布后的点击情况与反馈情况，由推广人员每天进行统计汇报；

3. 团队负责人在每次例会（早、晚班开会时间）时组织团队成员学习推广技巧和服务方式；

4. 在遇到突发性问题时由团队负责人协调解决。

活动预算：

1. 活动所需的礼品购置预算由每个团队的负责人制定后提交微商大团队领导者审核；

2. 活动预算一旦确定将严格执行，活动结束后预算成本也将计入竞赛结果里。

“卖家秀”PK 目标：

在竞赛期间（15 天）合计达成 150 条买家秀发布量，且热度超过 3000 点击量的内容超过半数的推广团队参与 PK 奖励，按照任务达成率由高到低进行 PK 评选。

卖家秀 PK 赛分组及奖励明细：

1. 分组 PK 明细；

分组为：A 组、B 组、C 组

A 组：第一名：奖金 3000 元 + 奖状，第二名：奖金 1500 元 + 奖状（全公司通报表扬）

B 组：第一名：奖金 3000 元 + 奖状，第二名：奖金 1500 元 + 奖状（全公司通报表扬）

C 组：第一名：奖金 3000 元 + 奖状，第二名：奖金 1500 元 + 奖状（全公司通报表扬）

2. 每天晚上对竞赛团队的竞赛成绩进行公布。

上述就是微商团队“卖家秀”PK 竞赛的大体方式，进行这类竞赛的时候，微商领导者们需要注意，由于买家秀推广的效果很难界定，如果从数据的角度来看，仅仅只有发布数量、点击数量以及回复情况这几个标准，想要从中得到精确的转化率并不容易。因此在设定竞赛规则时，如何得出转化率的数字是一个难题。在这里，微商领导者们可以把产品在竞赛期间的成交数据与日常的成交数据进行比对，从中找到一些转化的数字。另外，也可以从竞赛期间竞赛团队的反馈结果中做出一些判断。

“卖家秀”PK 的竞赛方式是为了锻炼团队成员的推广、沟通以及在面对用户时形成有效转化的能力，它对于微商团队中的推广人员与客服人员技能水平的提升有着很大的帮助，因此微商团队的领导者们可以把它作为一种有效的员工能力升级方式用在日常的工作中。

7.4 朋友圈文案 PK：调动个体推广才华

朋友圈文案在微商的产品推广里占据非常重要的地位。微商发起于朋友圈，因此朋友圈对于微商而言是最为重要的一块阵地。如何打造高活跃度的朋友圈，让微信好友觉得看你的朋友圈有意义？如何通过发布的朋友圈文案达到高效的传播和影响，直接带来咨询和成交，让微商的转化率显著提高？这些问题都需要文案来解决。

微商朋友圈文案特征

对于微商的朋友圈文案，有很多值得一提的地方。微商推广对文案的依赖性很强，这就使微商文案无论从内容还是版式上都有很多讲究，它绝不是复制硬广告的推广行为能够相比的。例如，仅仅就文案标题而言，微商朋友圈文案就有很多讲究。微商朋友圈文案的标题有以下特点。

首先，吸引注意力。为了投合客户的利己心，微商文案经常会在标题中承诺给予用户个人好处，如让他们的牙齿更白、收入更高、身体更健康、关系更好，以及其他诸如此类的好处。微商文案尤其要善于利用人类天生的欲望，如变得更美、变得更有钱等。

其次，标题内容的及时性。用户阅读新闻的目的是了解时事信息，因此会本能地对新东西以及身边周围发生的事情感兴趣。因此任何时候，文案只要能用新奇的方式表达出产品的好处，都会为文案额外增添一种吸引力。微商文案的内容可以十分简单，例如，宣布产品已经发布或者到货，以及产品能够为购买者带来的好处；或者为了让文案染上几分时令色彩而将它与当前发生的事件、天气、体育赛事，或者其他时事问题联系起来，如“从即日起到周五，凭下面的赠券到 ××× 购买四物汤，本店将会把你所付费用的 10% 用于帮助地震灾民”等。

最后，引发好奇心。好奇心大多数人都有，一条精心构筑的标题能够激起用户足够的好奇心，从而激发他们继续阅读的欲望。不过，微商文案对那些没有针对性、仅仅为了吸引眼球而设计的标题往往敬而远之，因为这样的标题只会让人觉得你扭捏作态或者故作机灵。微商的文案们都清楚，标题不仅仅需要吸引很多眼球，更需要吸引合适的眼球。

如果文案的标题做到以上几点，那么基本上可以让大部分用户感兴趣，并点击进去看看里面写的是什么了。

除了标题之外，微商文案对于图片的要求也很高。众所周知，朋友圈发消息是可以配图的。好的图片能快速吸引好友的注意力，并且可以丰富文案中的文字，而且图片的真实性会增加客户对你的信任程度，起到锦上添花的作用。因此微商对文案的要求在图片上有以下几个方面。

第一，一定要让创意成为产品的焦点，如新包装、细节图等。

第二，让文字人情化。我们经常会发现在电视广告中，很多品牌会请一些明星甚至是普通人来代言产品，原因很简单：出现人的广告比没有人的广告更能吸引人们的注意。微商推广也是一样。如果微商的产品能让受众产生身份认同，带领受众进入你营造的场景并感同身受，那么客户就会对产品更加了解，更加信任。如朋友圈中的对话截图，实际上就是为了体现人情的因素。

第三，真实。微商对图片的要求是一定要在朋友圈晒真实的生活场景，让你的好友对你有所认知，增强对你的信任感，这样更有利于增加互动，引导成交。

第四，重复出现。我们可以重复用一张图片或者连续用含有类似内容的图片。这样的图片发布到朋友圈的文案中，也可以起到潜意识营销的作用。

上述这些就是微商朋友圈文案对图片的大致要求。其实微商文案需要完成的使命有3个：第一是写出真实又有吸引力的朋友圈文案；第二是让这个朋友圈文案产生互动；第三是让这个朋友圈文案带来成交。那么如何实现这3个目的呢？让我们继续来看下面的章节。

微商朋友圈文案三部曲

微商朋友圈文案要解决的第一个问题就是如何写出真实又有吸引力的朋友圈文案。除了上文中我们提及的标题与图片的配合外，在文案内容方面，分享生活类与热点类的内容更容易出彩。

所谓的分享生活类文案，最简单的就是发布自己的个人照片。不管是出去玩还是敷面膜、吃大餐等，一切生活中好玩有趣、能够让人向往的事情都可以拿来发布在朋友圈，让发布者呈现最真实的一面。

热点类文案则需要撰写者多关注微博热门排行榜、百度排行榜这类热门话题榜。看到当下讨论比较多的热点事件，尤其是娱乐事件都可以顺手拿来发朋友圈，利用热点吸引眼球，然后发表自己对事件的见解，呈现出自己的个性态度。

接下来就是如何让朋友圈文案产生互动的问题。没有互动，朋友圈就是一潭死水。时间久了，对微商发展非常不利。因此，利用文案制造互动就成为微商朋友圈文案必须要完成的目标。例如，文案内容可以采用问答题、选择题的形式，包括猜谜语、小测试、小调查、买东西纠结买哪款都可以发到朋友圈，征求大家的意见或者考验大家的智商。在互动的过程中一定要及时回复，让互动能够持续下去。也可以利用人们的好奇心理来制造互动。另一种常见的吸引互动的方式就是集赞、评论送礼品，有奖问答的方式。在节假日或者平时感觉朋友圈互动低迷时都可以采用这种方式。有奖品的朋友圈文案一般都很有吸引力，当然前提是奖品要足够诱人，参与方式也简单易行。

最后也是最重要的问题是如何让朋友圈文案带来成交。信任有了，互动也有了，最后一步就是成交。微商文案通常从两个方向切入：**一是分享产品，二是提供价值。**

分享产品包括客户效果反馈、自己的使用心得、发货情况、品牌实时新闻、每天的订单量等。其中，客户效果反馈格外重要。因为自己说自己的产品好属于“老王卖瓜，自卖自夸”的范畴，说服力明显不够。但是如果有第三方站出来说用过产品并且很好，那效果就不一样了。这就像在淘宝网、京东商城购物时的用户评价，对其他用户购买的影响很大。

提供价值是很多微商文案最容易忽略的一个方面。如果是卖护肤品的微商，那么最好每天都能够分享有关护肤的有实用价值的朋友圈文章，一是为了吸引粉丝的关注，二也是为了塑造微商的“专家”身份，让用户认可并相信你。让用户觉得在你的朋友圈学到了很多有价值、实用的知识，提升信任感后就能够比较容易地带来销售和复购。

微商朋友圈文案 PK 方式

微商发起朋友圈文案 PK 竞赛的目的当然是为了提升文案质量，促使更多的互动产生，最终对产品销售起到积极的促进作用。因此，在 PK 竞赛的内容设定上，**一种方式是用某一款产品进行个人竞赛，让所有文案推广人员就某一个产品进行一系列的文案创作，最后以发布效果和转化率作为竞赛考核标准；另一种方式则是根据参赛者不同的个人特点让他们自由选择产品与文案形式，最终还是以发布效果和转化率作为竞赛考核标准。**前者的好处是给所有参赛者命题作文，在题目上公平一些，但并不一定能够发挥所有人的特长；后者的好处是能够尽可能地发挥出每个参赛者的专长，但由于文案内容不同，因此对考核结果很难做到一概而论。

在时间周期方面，文案 PK 所需的时间相比销量 PK 而言要更短一些，一般可以定位在 3 天左右。这是因为朋友圈内容的热度持续性不强，一般也就 2 ~ 3 天，因此 3 天期限已经足够统计出核心数据。

文案 PK 形式一般都是单人参与模式，这与之前的团队竞赛形式有所差别。这是因为文案工作是一个独立性比较强的工作，仅仅在图片设计上需要美工人员的参与，其他如内容、排版、发布等都可以由一个人来完成，因此竞赛无须以团队形式开展。

上述就是微商朋友圈文案 PK 的方式以及需要注意的一些问题。它是专业能力与创意的竞赛，目的是激发团队文案人员的推广才华，提升微商朋友圈推广的效果。

7.5 单品销量 PK：比拼团队销售才能

在微商团队内盛行的销售竞赛模式里，单品销售竞赛也是一种比较常见的形式。我们都知道，做微商是依靠卖产品而生的。产品的类型有很多，同一个微商也可能做不同类型的产品，而同一品牌的产品也存在不同型号与类型，因此，实际上微商操作的要么是单一品牌下的产品集群，要么是多品牌下的不同产品集群。

实际上在微商的产品集群里，把单品变成爆款是非常重要的推广销售技巧。单品销量的竞赛目的就是提升产品集群里某一个产品的销售量，使其成为爆款。所有微商都知道，“销量 = 流量 × 转化率”，这是微商乃至整个电商行业的销量公式。所以如果流量和转化率都提高了，销量自然而然就上去了，它也就成为单品销量竞赛的主要竞争方式。

爆款单品的选择标准

从上文我们能够了解，微商的单只销量竞赛一方面是为了促进团队内的良性竞争，提升团队整体销售业绩；另一方面也存在着打造爆款单品的目的。那么竞赛目标如何选择就变得很有学问，因为如果选择的单品产品没有爆款潜质，那么竞赛的效果就会因此受到很大影响。所以单品的选择很重要，它必须包含以下几个特征。

第一，选择竞赛单品必须要具有突出的品质，这是最基本的入选条件。如果产品品质不过硬，再好的包装和推广都不会起到应有的作用。对于市场空白的产品，微商需要引导客户消费，做到培育市场；而市场成熟的产品，如面膜，由于客户都习惯在微信看到面膜产品了，因此推广起来不用做普及教育，而是只要说明产品优势、服务优势就可以了。但是在市场竞争激烈的情况下，开发客户并不容易，老客户能回头才可能越做越轻松。想要实现这一目标，最好的办法就是产品质量要高，只有产品质量才是最有说服力的证据。

第二，选择竞争少的单品。筛选竞赛单品不仅要看产品本身，更要看竞争的大环境。很多产品本身资质不错，只可惜生于红海，最终也只能落得个无奈退场的结局。因此像面膜、仿包、减肥贴这些数十万微商都在卖的东西，想要脱颖而出难度非常大。因此微商领导者在选择产品时要尽量避开红海，聚焦于垂直细分市场，要选择竞争对手难以复制的、市场上稀缺的产品，最好是自有品牌，而且是厂家独家授权经销的产品。

第三，选择具有持续性购买特点的产品，如生活类快消品。这样的产品单笔利润额可能并不太高，但它能够满足用户每周或每月持续的消费需要，这样的产品才具备成为爆款产品的条件。当然转介绍率高或延伸消费率高的产品也可以在选择的范围内。

第四，选择成交快速的产品。根据经验，微商对快速成交的产品类型都会有一定的理解，如单价在 200 ~ 1000 元人民币之间，产品介绍简单明了，具有这些特点的产品往往容易快速成交。最重要的一点是产品的价格定位来源于微商客户的经济实力，而经济实力代表着他们的生活方式，更代表着他们朋友圈中人群的特征。现在的人特别是年轻人更喜欢秀和分享，秀出来是要别人竖大拇指点赞的，而不是让别人鄙视的。因此快速成交产品的一大特征就是价格不能太低，包装式样要个性化。只有这样才能激起客户自秀和转介绍的欲望，才能实现销量的快速提升。

第五，选择覆盖区域广、物流方便的产品。微商做生意的本质是移动营销。移动营销本身所具有的广泛传播特性，非常适合覆盖人群较广的大众化消费品，这是选择竞赛单品的重要条件之一。同时单品还要选择适合快递运输、物流成本不高、售后服务较少，最好是无须售后服务的产品。之所以要按照上述的条件来选择单品也是因为微信营销的局限性。如果微商设置单品竞赛的产品不容易介绍和推广，如果产品使用起来因人而异，不容易进行售后服务，那么用户在接受程度上一定是要打折扣的。我们可以断定，这样的产品也许能卖，但绝没有成为爆款的潜质。

如果从产品类别上来看，具有爆款产品基因的包括以下几类。

第一类，功效类。如黑糖、梅子、阿胶等。这些产品用户痛点明显，刚性需求旺盛，见效快，容易快速产生复购。如青梅、酵素，这些产品主打功效减肥，市场品牌较多，是2015年微商行业的一个爆款，产品包括微商市场上较有名气的咔咔寿、净颜梅、贝基清净果、随便果、九医生等品牌；黑糖品类也是2015年微商的爆款之一，主打功效为缓解女性痛经，主要由两位大咖炒热，即万能的大熊的“再来一块”、夫子的“三里人家”；阿胶糕品类目前无论在电商领域还是微商领域都是爆款热销产品，它属于功效型零食，目标群体主打女性，市场已经有普遍认知，营销推广相对较易。

第二类，电子产品类。这类产品类似食品，主流产品多以手机配件为主，如微商行业曾经出现的爆款自拍杆。其他相关的手机壳、充电器等配件多以直营、分销为主。

第三类，衣食住行类。这个品类的微商目前多是采用微商城分销或三级分销模式来经营，比较突出的产品包括内衣、内裤、袜子等。如经营袜子产品的微商品牌非常多，而内衣这个品类在电商和微商领域都处于上升态势，品牌众多，发展都不错。这类产品自身有很强的营销能力，比较适合作为爆款产品来打造。

第四类，农特产品。该品类在微商领域目前多处于小而美的零售型状态，代理层级较少。但这类产品因为极具特色，产品复购率较高，代理多为消费型代理，忠诚度较高，模式健康，未来有很好的成长性与发展性。

第五类，特色品类。这类产品都具有特色功能性，如眼部护理类产品有主打消除黑眼圈和眼角皱纹的眼膜，还有消除眼部疲劳的眼贴、蓝莓饮品、眼部按摩仪器等。

上述这些就是选择爆款单品的一些基本条件。微商团队领导者们可以根据以上这些条件来筛选竞赛单品，以帮助团队的参赛者们在竞赛中取得较好的销售成绩。

单品销量 PK 方案设计

单只销量竞赛在方案设计上与传统的销量竞赛类似，在这里我们就不再做详细解释了，只谈需要特别注意的几个问题。

首先，单品的选择。在上文我们已经详细介绍了单只销量竞赛中有关单品选择的方法，这里需要特别强调的是，在选择竞赛目标单品的时候，微商团队领导者要尽量避免自己独断专行，要与团队核心成员共同来确定。团队领导者可以预先设计一个目标选择的范围，然后让大家共同讨论决定最终选择。这个选择一旦通过就要确定下来，在竞赛过程中出现任何情况都不能改变。

其次，竞赛还是要以团队为单位，避免采用个人参赛的比赛形式。这是因为团队参赛能够更好地促进团队的整体协调、作战能力，发挥团队优势；而个人竞赛则容易在团队成员之间造成摩擦，不利于团队内部的稳定团结。领导者可以将参赛成员分为若干个小团队，最终通过记录将团队成绩作为竞赛考核的标准。

再次，关于竞赛时间的问题。它与销量竞赛不同，单品竞赛在时间控制上有必要精炼一些，也就是说竞赛时间不宜过长，最好设定为一周。一方面，这是因为爆款产品发酵较快，发酵期较短，在短期内就能够大量成交；另一方面，爆款产品的延续性尽管也不错，但当集中爆发期过后，其销量会趋于平稳，是否能够拥有二次爆发的能力并不能确定。因此竞赛时间应当紧跟爆发期，快速成交、拉升销售才是主要目的。

最后，奖励的问题。由于竞赛背后的目的其实是打造爆款单品，因此一旦目的达成，相信参与竞赛的团队成绩都不会太差。这种方式如果能够获得成功，那么微商团队今后的业绩就有了很大的提升空间。为此，团队领导者们不要过于吝啬，可以在兼顾团队销售额与利润额度的基础上适当提升竞赛的奖励额度，并可以采用不同的奖励方式，如现金奖励、旅游奖励、团队宣传奖励等。

本章我们介绍了微商团队管理中关于竞赛管理的内容。要知道，微商领导者们一旦把团队内部竞赛运用好，当作自身团队一个常态化的管理形式，就会发现团队进步非常快，团队的业绩直线上升。举个简单的例子，竞赛管理的应用在学校最为常见，就像上学的时候，班级里都会按照学习成绩进行排名。那么结果就是第三名一定会盯着第二名，第二名一定会盯着第一名，最终班级的整体成绩会显著提升。这其实就是竞赛管理所呈现出的效果。

CHAPTER 8

第8章

微商团队管理修炼七剑之第六剑：目标管理

在微商团队管理的范畴里，有一个方面不应忽视，然而现实却被大多数微商忽略掉了，那就是目标管理（图 8-1）。因此我们在微商团队管理修炼的七剑中，特别把目标管理作为其中的一个组成部分提炼出来，供大家参考。

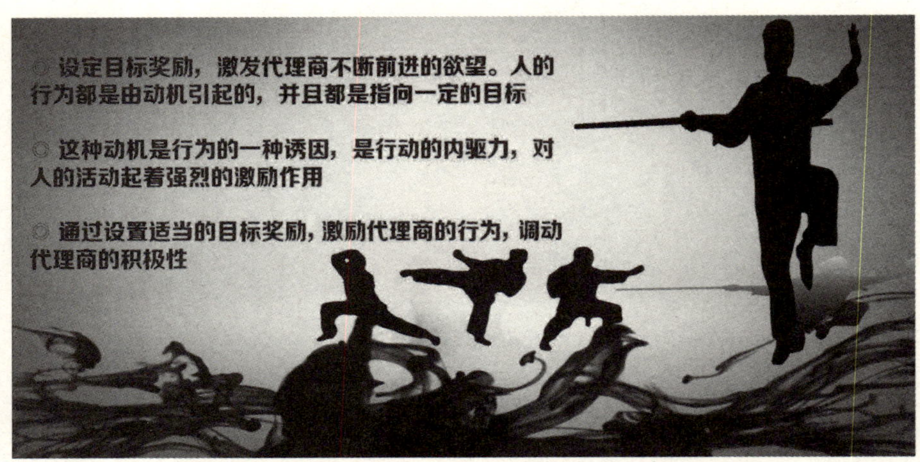

图 8-1 微商团队目标管理

8.1　目标是团队前进的指航灯

想要了解什么是目标管理，就必须先清楚什么是目标。关于目标，简单地理解，就好比我们去靶场打靶，瞄准后想要射击的靶子，它就是目标。如果这个靶场没有靶子，也就是说我们的射击连目标都没有的话，那可以想象我们的射击体验将会是何等的糟糕。由此可以引申到我们做事情时，首先就是要确立目标。

微商团体的目标盲从现状

在微商行业中一个现实问题就是，大多数微商存在着显著的目标缺失现象。目标缺失带来的症状就是浑浑噩噩，当业绩好的时候一个月可以赚到 100 万元、200 万元；当业绩不好的时候一个月可能连几千块钱都赚不到，而且还忙得不可开交。为什么？就是因为没有目标。

在如今的微商行业，其实大部分的微商都是依靠趋势而活。当他们做微商的时候，因为大环境好，整个行业处于急速发展期，因此行业的赚钱效应显著，微商们都能够享受到行业发展带来的红利。然而进入 2016 年后，微商们发现生意越来越难做，竞争越来越激烈，微商的“死亡率”开始升高，团队的动荡开始增大。如果仍然抱着入行时的想法与思路，从前的良性生存态势将面临很大的挑战。那么如何才能让微商长久发展、经久不衰呢？答案就是目标管理。就像国家的“十一五”计划、“十二五”计划，它们都是国家提出的目标，它们的存在保证了我们的国家能够走在持续发展的道路上。由此就可以看出目标的重要作用。

目标管理对微商团队的重要性

在西方管理学中，对目标管理的定义是这样的：它是以最终目的为行为导向，以人为中心，把最终成果作为衡量标准，从而使组织和个人获取最佳成绩的管理手段。美国管理大师彼得·德鲁克（Peter F. Drucker）于1954年在其著作《管理实践》中最先提出了“目标管理”的概念。德鲁克认为，必须先有目标才能确定工作，所以团队的“使命和任务，必须转化为目标”。

对于任何一个团队而言，如果在工作的某一个领域没有目标，那么这个领域的工作必然被忽视。因此团队管理者应该通过目标对下级进行管理。当团队最高层的管理者确定了团队目标后，必须对其进行有效分解，转变成各个下属组织以及每个人的分目标，管理者根据分目标的完成情况对下级进行考核、评价和奖惩。因此，目标管理对一个团队而言具有非常重要的意义，特别是像微商团队这种销售型组织团队。目标管理的重要性包括以下几个方面。

第一，目标的合理性是决定行动成败的关键。我们做任何一项工作，开始之前都会制定一个目标，这个目标的性质很大程度上会决定我们行动的成败。目标过低，行动起来容易造成声势浩大但雷声大雨点小的情况，团队或个人的工作效率无从发挥；目标过高、脱离团队实际也会让团队成员被挫折感包围，工作举步维艰、难以推进。所以团队管理者在制定目标之前一定要经过缜密的论证和思考，既要保证符合团队的现实，不能好高骛远，又要给团队形成一定的压力，使团队成员能够不遗余力地向着目标努力。

第二，目标是制定实施方案的指南。有了目标，才能够设计相应的行动方案。目标的大小、难易决定着实施方案的形态。例如，我国在20世纪80年代提出了到21世纪中叶“基本实现现代化”“人均国民生产总值达到中等发达国家水平”的长远目标。这个目标对我们国家的一系列政策的制定和实施都产生了深远影响。如在内部发展方面，坚持以经济建设为中心，抓住21世纪前20年的战略机遇期，把国民经济做大做强；在外交政策方面，提出“韬光养晦”“决不当头”“有所作为”。正是有了这些政策作为基调，我国经济长期保持健康、稳定、快速的增长，外部大环境上也保持相对平稳，国家综合国力越来越接近当初制定的目标。

第三，共同的目标是激励团队的最好手段。团队之所以称为团队，而不是一般的集体，就是因为团队成员有着共同的目标，并且为了实现这个目标而形成合力。现在越来越多的企业团队意识到目标激励的重要性。以往很多团队的目标纯粹是团队领导者的个人目标，因此不管对团队成员如何强调，都不会得到积极的响应。有智慧的团队领导者在意识到这一点之后，开始实行一系列目标激励措施，将团队的大目标细分为每位团队成员的小目标，大大调动了团队成员的积极性。同时，共同的目标反映的也是团队成员共同的价值观。将具有同一种价值观的人组成一个团队，工作效率当然会得到极大的提升。

第四，带领团队实现目标是团队领导者展示才华、凝聚士气的重要方法。有不少微商团队的领导者总是会抱怨团队成员不听指挥，队伍难带，这是由于团队领导者没有在团队里树立起威信。解决这个问题最直接的办法就是制定一个合理的目标，带领团队成员去征服它，实现它。有了这个经历，团队成员们自然而然会对团队领导者建立起信任。古代新皇帝登基后总喜欢"御驾亲征"，建立功勋，震慑群臣，就是这个道理。现代团队的管理者虽然有团队制度做后盾，但如果想在团队里建立起真正的威信、提振团队整体士气，这样的方法显然不可缺少。

设定团队目标需要注意的问题

设定一个好的团队目标并不简单，从企业目标管理的角度来看应该注意以下几个问题。

第一，正确理解团队发展现状，围绕团队发展战略来设计目标，制定出既符合团队发展情况，又符合团队实际情况的目标。作为领导者，必须站在团队的高度去分析团队发展过程里所需要达成的目标标准，以此作为参照来设计团队的目标。在制定团队目标时，要特别注意让团队的所有成员都了解这个目标，这往往是团队领导者们容易忽略的地方。一般来说，领导者为了让所有成员能够理解团队的目标，往往会召开集体会议。这一点很重要，因为如果团队成员不了解团队的目标，就可能削弱他们的工作积极性，又或者在理解团队目标及制定个人目标时可能出现偏差。

第二，制定符合目标管理原则的目标。从这一点来看，经常出现的问题有两种：一是目标难以量化的问题，二是目标太多的问题。对于第一个问题，不能量化的目标不是好目标，因此团队领导者在设定目标时应当注意“量化”是必选项；对于第二个问题，符合目标管理的目标可能有好几个，这时候就涉及筛选问题。团队管理者可以选择最具价值的 3 个左右的目标作为最重要的目标，而把其他目标当成次要目标来看待。

第三，团队管理者要列出目标实施过程中可能遇到的问题和阻碍，并找出相应的解决方法。这一步骤也很容易被忽略，但实际上对于目标的顺利达成很重要。所谓“有备无患”，制定目标时应该具备风险意识，也就是针对目标的实现过程中可能出现的问题、障碍制定应急方案。

第四，要清楚地知晓实现目标所需要的技能和知识。团队领导者想要团队成员实现目标，就要预先了解实现目标所需要的知识与技能。如果团队成员具备这些知识、技能条件，那么目标的达成难度就会降低；如果不具备，则需要通过培训、学习等方式提升团队成员知识、技能方面的能力，才能满足目标实现的要求。

第五，要清楚地知晓为达成目标必需的合作对象与外部资源，这一点同样重要。团队领导者必须对此有提前的规划，如在微商推广层面是否需要外部资源的协助，在广告推广层面是否需要选择合作对象等。这一系列问题都要提前进行设计规划，才能保证在目标实施阶段不会因为无从下手而延误目标达成时间。

第六，必须确定目标完成的日期并提前向团队成员公布。目标制定的关键之一就是确定其完成日期。在目标制定之后，还要书面确定下来，这是目标管理规范化的一个表现。当众宣布目标不仅不会引起疑虑和争论，反而有利于目标检查和工作考核。同样的，对于每个团队成员的个人目标也应当采用类似的方式。如果不方便逐一公布，那么最好让团队成员自己将最终确定的工作目标进行整理，做出正式的书面材料，一份留给自己作为后续工作的参照，另一份交给团队领导者，以此对团队成员的工作进行督促与检查。

8.2　平衡长期目标与短期任务

在设定微商团队的目标时，团队领导者要把目标设定分为长期发展目标和短期目标任务。这样做有利于团队的发展，因为目标过于远大，可能会使团队成员失去信心，而根据市场环境、竞争对手的情况量力而行地设定目标能够给团队带来竞争力。

长期目标设定

对于长期目标，我们可以这样理解：长期目标有一定的期限，它是由数个中期目标组成的，而中期目标则由数个短期目标组成。这几类目标的关系就像一棵树，长期目标是干，中短期目标是枝，而短期目标则是叶。只有实现每一个短期目标，才能实现中期目标；只有中期目标实现了，长期目标才能实现。

因此，微商团队领导者在进行长期目标设定的时候需要遵循一些原则。**第一，由于在目标管理的体系中，长期目标与中短期目标彼此制约、相互影响，因此想要制定出明确的团队长期目标，就必须首先弄清楚所有目标之间的关系和地位。**这就要求团队领导者把团队目标罗列出来进行分析对比，参考的条件可以是目标的时间轴与目标对象的行为轴等。

第二，团队领导者必须了解长期目标的特征与设定指标。一般来说，在企业管理中，长期目标的时间跨度是 5 年以上。由于微商行业的特殊性，我们认为适合微商团队的长期目标应当以 2 ～ 3 年为一个战略阶段。长期目标是在团队的发展战略中所期望的结果，因此长期目标应当与战略的时间跨度保持一致。长期目标的内容指标一般包括资产增长、销售增长、盈利性、市场份额、收益等。因此当一个目标的内容涉及上述这些方面的时候，它才有可能具有长期目标的潜质。

第三，团队领导者所设定的长期目标必须符合以下特征。

特征一，长期目标是否适合团队。团队的长期目标应该是团队整体利益的具体体现，违背团队利益的目标往往会给团队自身带来损害。

特征二，长期目标必须可度量。团队领导者在制定长期目标时，要尽可能明确具体地规定目标的内容及实现目标的时间进度，以作为今后目标评定时的依据。

特征三，长期目标与团队成员之间的合意性。它指的是所制定的目标要适合团队成员的期望和偏好，使他们便于接受和完成。

特征四，长期目标设定要直接并且容易理解。团队的所有成员都必须清楚地理解他们所要实现的目标是什么，并且必须了解评价目标效益的主要标准。

特征五，长期目标要具备激励属性。团队的长期目标要具有相当的挑战性，激励团队成员去完成。如果目标设置过低，则无法对团队成员起到激励作用。

特征六，长期目标可以保证一定的灵活性。这一点并不是说目标可以朝令夕改，而是当微商的市场环境出现意外的变化时，微商团队应当能够适时对长期目标进行调整，以适应新的市场环境。

短期任务设定

在企业管理的层面，制定短期任务目标一直是企业经营的主要策略，微商也不例外。短期目标其实是一种独特的工具，它是战略和行动之间的桥梁。团队需要通过短期目标来界定什么是重要的，什么是不重要的。因此，短期目标是动用团队人力资源来达成结果的基本工具。

短期任务目标应该如何设定呢？很多微商团队经常把短期目标制定

得很糟糕，这是因为他们更加喜欢行动，却不喜欢费精神去制定目标，因为行动总是比较具体而刺激，而目标经常是抽象的。短期目标应该针对团队当前面临的主要问题。团队领导者在设定短期目标的时候应当问自己以下问题："解决团队某个问题或抓住这个机会，会使团队的现状改观吗"，这个问题代表着目标的重要性；"解决这个问题代表什么挑战"，这个问题代表着目标的类型；"如果不尽快处理这个问题，是否会令团队的情况更糟，或者是否会让机会溜掉"，这个问题代表着目标的紧迫程度。一旦团队领导者能够明确回答上述的几个问题，那么就能够制定出短期目标的优先顺序，然后把最严重、最迫切需要解决的一个问题设定为团队的短期目标。

除此之外，短期目标还必须切合实际，明确具体，并设定明确的完成时限。有了起始日和截止日，往往就可以使团队成员集中心神去完成。同时领导者还需要建立起目标的监督机制，以此来监控目标在实施过程中的完成情况。对于完成的目标，领导者还要计算其成功的程度。

最后，目标对于微商团队而言应该有实际意义，而且与团队的长期目标一致。另外，团队领导者还要能够辨别不同目标的重要性，衡量后确定优先顺序。

8.3 "跳一跳，够得着"，让目标趋于合理化

目标的合理化与目标管理的合理化是两个相辅相成的问题，在微商团队的目标管理中是需要团队领导者特别注意的地方。

合理化目标管理

关于合理化目标管理，微商团队的领导者需要这样来做：

第一，对于量化的目标而言，领导者要明白目标值是个可变量，可大

可小，可高可低，而并非在每一个阶段对目标量化的设定都必须保持一致。目标的建立应遵循循环渐进的原则，本着“跳一跳，够得着”的原则，切忌一口吃个胖子，设定过高的目标。

第二，对于目标的制定所选择的“参照物”要恰当，要实际，要能够调动起团队成员实现目标的积极性。为此，团队领导者应该选择过往的数据作为参照。同时，选择“参照物”应该随时间、处境、阶段性的变化而变化。

第三，并不是说制定了目标，领导者的工作就结束了。恰恰相反，不管目标达成与否，管理者都要对此有所总结，在没有达成的情况下，还需要附加检讨，找到没有达成目标的原因。

第四，领导者需要综合各方数据来体现目标管理的价值。如果各呈报数据弄虚作假，那目标管理也就失去了实际效果，这一项管理也等于是形式上的动作。所以，目标管理需要随时随地地进行监控来确保数据的真实性和有效性。

综上所述，目标管理是微商团队中必须具备的一项管理职能，但是目标的建立必须有一定的可操作性和实际性，脱离了团队实际现状的目标只能是空中楼阁。要知道跳一跳就能够到的是目标，跳了半天都够不到的就不是目标，而是空想了。因此这是每一个微商团队的领导者都必须清楚的原则，也是必须遵循的原则。

制定合理化目标的 SMART 原则

目标管理的一个基本的要素就是制定目标。既然合理化的目标管理如此重要，那么如何来制定具有合理化特征的目标呢？一个好的目标必须要具备 5 个要素，那就是在目标管理中经常提到的 SMART 原则。

所谓的 SMART 原则是 5 个英文单词首字母的缩写：S 就是 Specific，即具体的；M 就是 Measurable，即可测量的；A 就是 Attainable，即可达到的；R 就是 Relevant，即相关的；T 就是 Time-based，即有时限的。

Specific 的含义是设定目标一定要具体化。只有具体化的目标才具有可操作性，才实际可控。所谓的具体就是目标要明确，要能够用语言清楚地说明实现目标的行为标准，不能够笼统，不能够模棱两可，不能够有两义性。如“团队想成为一流团队”，这算不算一个好目标呢？我们来分析一下，一流团队的内涵很多，包括技术领域的、销售层面的、管理层面的。这里所谓的一流团队指的是哪个层面呢？很显然不知道，因此这个目标描述得不明确。

Measurable 的含义是目标应该是可衡量的，即目标应该是可量化的。所谓的量化应该有一组明确的数据来支持并作为是否达成目标的依据。如果制定的目标没有办法衡量，就无法判断这个目标能否实现。例如，让团队的每个成员都成为一个富有的人，这是不是一个好目标呢？很显然，什么才算是富有？是精神上的富有，还是金钱上的富有？有多少钱算富有？100 万还是 1000 万？这些问题都无法通过量化来回答。这说明富有并不是可量化的，不可量化的目标就算不上一个合理化的目标。所以，目标的衡量标准必须遵循“能量化的量化，不能量化的质化”原则，使目标的制定者与考核者都能够有一个统一的、标准的、清晰的、可度量的标尺。因此团队领导者应当杜绝在目标设置中使用形容词等概念模糊、无法衡量的描述。

Attainable 的含义是目标应该是可达到的，这就是我们前文谈到的“跳一跳，够得着”的目标设定原则。既然是目标，就一定是团队领导者希望能够完成的。一方面，制定目标可以有挑战性，有一定的难度，但绝不能达不到。当然，有些团队领导者可能认为只要努力就没有什么达不到的目标，没有做不到，只有想不到。对于这种观点，我们应当这样来看：这样的目标可能是根据团队目前的现实条件还达不到，在短期内达不到，因此可以作为长期目标来看待。另一方面，在制定目标的时候，如果目标过小而没有挑战性，则会导致团队成员松懈，不认真对待，同样不能起到目标管理应有的作用。因此微商团队领导者在设定目标的时候，要兼顾挑战性与现实性两方面来考虑。

Relevant 的含义是目标应该是相关的。这里所说的相关性指的是团队的短期目标应该与团队长期的目标保持一致，团队个人的工作目标应该与团队的整体目标一致等。

Time-based 的含义是目标必须是有时间限制的。任何一个目标都有一定的时间限制，以便于衡量和考核。如“团队要完成百万元的订单”，这个目标尽管具有量化特征，但没有指明目标完成的时限，到底是一年、两年，还是 3 个月？这就造成了目标设定的缺陷。如果没有时间限制，则这个目标也不是一个合理化的目标。

8.4 为实现目标配置相应资源

我们在进行微商团队目标管理时，一方面是设定目标，另一方面是实现目标的过程中具有的一个非常重要的部分，那就是为实现目标配置相应资源。在对目标管理的定义中，目标管理被描述为一种根据注重结果的思想，先由团队领导者提出团队在一定时期的总目标，然后由团队内各部门与成员根据总目标确定各自的分目标，并在获得适当资源配置和授权的前提下积极主动为各自的分目标而奋斗，从而使团队的总目标得以实现的管理模式。由此可见，在实现目标的过程里，资源配置和授权是一个重要前提，这就是本节我们需要探讨的内容。

资源配置的含义

所谓的团队资源配置是指对相对稀缺的团队资源如资金、客户资源、推广资源、人力资源等在各种不同用途上加以比较做出的选择。团队的这些资源是团队经营活动中人力、物力和财力的总和，是团队赖以发展的基础物质条件。在微商团队发展到一定阶段时，相对于团队成员的需求而言，资源就会表现出相对的稀缺性，从而要求团队能够对有限的、相对稀缺的资源进行合理配置，以便用最少的资源耗费完成最大化的业务输出，从而为团队获取最佳的效益。资源配置合理与否，对一个微商团队在目标管理层面的成败有着极其重要的影响，因此千万不能忽视。

对于资源配置，从目标管理的角度来看，它能够起到很多积极的促进作用。**首先，它能够提升团队成员的目标完成效率。**对于微商而言，其经营的本质目的是追求销售利润的最大化。如果把它看成是目标管理的终极追求的话，就必须以提升销售效率作为目标管理的大方向。在市场竞争环境下，对团队资源的合理配置有助于团队成员在提升销售效率方面获得更多帮助，从而促进团队目标的实现。例如，当团队进行产品销售突击时，如果能够集合客户资源、推广资源与人力资源，那么其效果肯定要比单打独斗、毫无支持的团队的销售效率要高得多。

其次，适当的资源配置能够使团队整体运营处于最优状态。很多微商团队由于资源配置不合理，往往造成因资源闲置或者供给不足而出现双向拖慢团队工作节奏的情况。团队中的一些人忙得不可开交却得不到支援，而另一些人闲置不用反而占有着资源，这种情况在微商的团队里比比皆是。它造成了整个团队发展的不平衡，使团队整体业绩处于无法提升的状态。

如何实现资源合理配置

在团队目标管理中，资源配置应该如何实施呢？我们这里有一个常规的标准，那就是资源实现最优配置的标准，即当一种团队资源的任何重新分配都已经不可能使任何一个团队成员的境况变好时，实际上就达到了团队资源的相对合理化配置。既然如此，要如何衡量资源的配置是否合理呢？毕竟对于每个团队成员而言，都希望自己能够获得越多的资源配置越好。面对这个问题，团队领导者需要这样做。

第一，要清楚地了解自身团队所具有的资源有哪些。只有确定了资源的种类与数量，才能谈到下一步的配置问题。因此，团队领导者需要对团队可以动用的资源包括资金、人力、物力、关系等进行梳理与归类，可以制作资源配置表格来将其书面化，以便今后的调配。

第二，对于团队成员按目标实施进行不同的职责区分，同时可以主动收集团队成员对于资源需求的信息反馈，结合资源类型与总量进行分配方案的设计。团队领导者应重点考虑团队成员的资源需求提议与团队整体资源之间的搭配关系，不一定全部满足成员的需求，重要的是能够从这些提议里判断出不同岗位对不同类型资源的依赖程度或者说需求程度，以此作为资源配置的基础条件之一。

第三，对已经配置的资源进行跟踪，发现其中的不合理性，从而能够及时做出资源配置调整。这一点非常重要，因为尤其对于初次进行资源配置的微商团队而言，很难一下子就把整个团队的资源配置问题解决，其中难免出现配置不匹配的地方，因此随时发现随时调整就成为必须要做的工作。团队领导者一旦发现有资源闲置或者过度利用的情况，就要及时与团队相应成员进行沟通，以达到资源有效利用与团队成员工作效率有效提升的双重目的。

通常情况下，对于资源的合理配置主要涉及两个方面，一是资源在不同团队成员间的最优配置，二是资源的时间配置，根据资源在不同时段上的最优分布特征，实现资源开发利用最佳时段的控制与决策。从这两个方面来看，对于资源配置不仅要考虑资源与使用资源的人之间是否能够达到最佳利用效率，同时还需要考虑资源在时间层面的变化才行。

除此之外，还有一些资源配置方面需要注意的问题。例如，资源配置的过程其实是一个分配过程，因此团队领导者一定要遵循“销售—利润”和“投入—产出”的机制，强调效益性原则。资源配置特别是营销资源配置链就是微商团队的生命线，因此资源配置的合理性、稳定性、牢固性是一个团队取得持续性发展和保持竞争能力的根本保障。同时，资源配置是一个动态的过程，它不断地随市场变化而变化，因此需要不断的论证和完善。

8.5　设立目标奖励，激发前进欲望

在目标管理的范畴里，激励是非常重要的一环。目标激励就是通过目标的设置来激发团队成员的动机，引导他们的行为，使团队成员的个人目标与组织目标紧密地联系在一起，以激励团队成员的积极性、主动性和创造性。

目标激励在目标管理中的必要性

目标激励的含义直白地说就是在完成团队目标的过程里，通过奖励的方式给予目标实施者前进的动力，激发其前进的欲望，从而促使目标顺利达成。奖励是对一个人的某种良好行为的一种积极肯定，使人保持这种行为。从心理学角度看，奖励是对人行为的一种正向的强化。奖励作为目标激励的一种手段，而且是一种重要手段，如果使用得当，能进一步调动团队成员的积极性，激发他们实现目标的欲望。一般来说，奖励的类型包括 3 种，**即物质奖励、精神奖励以及物质与精神相结合的奖励。**

物质奖励是能够满足一个人生理需要的奖励类型，它包括奖金、奖品等；精神奖励则是能够满足人们心理需要的奖励类型，它包括奖章、奖状、嘉奖、口头表扬等。

物质奖励的意义在于，首先，由于物质需要是一个人的基础需要，它能够带来衣、食、住、行等条件的改善，因此对调动团队成员的积极性有着极其重要的意义；其次，物质奖励是一种强化按劳分配的行为，它能够带给团队所有成员一种付出即得到回报的正向激励；最后，物质奖励在某种程度上是一种树立团队榜样的行为，在很多情况下带来的是榜样作用。

精神奖励的意义在于，首先，它满足了团队成员的精神需要，在物质需要获得满足时，精神需要则往往成为某些人的主导需要；其次，精神奖励能够激发团队成员的荣誉感，让他们获得精神上的满足；最后，精神奖励还能够激发团队成员的进取心、责任感和事业心。

从心理学的意义上讲，奖励对每个人都能引起愉快的感受，任何人都希望得到他人或社会的赞赏，这是一种普遍的心理状态，它已成为人们的人格特征之一。

奖励作为一种对团队成员行为的评价，在目标管理中特别具有提示和引导团队成员行为的作用。在团队成员一切正向行为的背后，它具有至关重要的作用，即鼓励团队成员保持和发展达成目标的正向行为，促使他们更加进步。同时，奖励还是一种良好的教育方法，而且是在具体、生动、愉快的状态下进行的，因而更具有感召力和吸引力，对团队成员来说接受起来比任何其他方式的引导都要有效得多。

目标激励的方法

微商团队领导者对团队成员在目标达成的过程中可以采用的奖励、激励方式有很多，它们包括以下几种。

第一种，授予权力。团队领导者可以通过授权的方式让团队中的被奖励者觉得自己“独挑大梁”，肩负着重要职责。这是一种常见的奖励方式。对于那些具有明确工作目标与个人发展目标的团队成员而言，这种激励方式最具效果。

第二种，口头表扬。公开赞美与口头表扬是目标激励经常使用的方法之一，它能够随时对团队成员的工作行为产生激励作用，使之随时保持旺盛的工作斗志与良好的工作心态。团队领导者一定要注意要尽量把口头表扬公开化，使团队的其他成员也能够看到、感受到，这样激励的作用才能够扩散到整个团队之中。

第三种，物质奖励。物质奖励是用来提高团队成员的工作效率和士气，有效建立其信心的奖励方法。团队领导者可以通过颁发奖金、奖品等方式来进行操作。物质奖励的数量与额度要与被奖励者的贡献程度相匹配。

第四种，培训奖励。对于微商团队而言，培训是一个非常好的奖励方式。团队领导者通过培训奖励，一方面能够满足团队成员的精神需要，另一方面还可以提高团队成员的工作能力与创造力。

 目标奖励需要注意的问题

团队领导者在运用目标奖励的时候有很多需要注意的问题，特别是在实施奖励的层面应当控制得当，避免造成奖励的负面影响。

首先，最佳的奖励方式是物质奖励与精神奖励相结合。对于调动微商团队成员的积极性来说，物质、精神奖励都是不可缺少的。一般以精神奖励为主，物质奖励为辅，单独使用往往效果不好，因为它不能同时满足团队成员的生理与心理需要。

其次，创造良好的奖励氛围。奖励如果在良好的团队气氛下进行，能够强化被奖励者的荣誉感、责任感、进取心，并且会对被奖励者产生一定的心理压力，促使他们在今后更好地投入工作，以取得与奖励所匹配的成绩。同时，奖励他人会对没有获得奖励的团队成员形成一种鞭策与促进，这同样是目标激励所需要达到的重要目的之一。当然，这一系列的作用都需要以良好的奖励氛围作为前提。营造这种氛围需要在团队文化方面进行建设，同时团队领导者在平时就要制定健全的奖励机制，并配以公平的奖励手段。

再次，奖励程度要与被奖励者的贡献程度相匹配。这是奖励的一个重要原则，它体现了奖励是以贡献为主的原则，使奖励成为一种导向目标，激发团队成员的工作积极性与创造性，充分发挥其智力因素和非智力因素，为团队创造更多的贡献。如果奖励与贡献不能匹配，那么如果奖励过多就会造成团队其他成员的不满；奖励过少则会引来被奖励者的不满。因此对于微商团队领导者而言，把握好奖励的度是目标奖励顺利实施的关键因素。

最后，奖励要根据被奖励者个人的需要来设定。一方面，同样的奖励，形式不同，激励的心理效应不同；另一方面，同样的奖励内容或形式，对不同的人，或者一个人的不同时期，其激励效果也不尽相同。因此，根据不同人不同的需求层次采用不同的奖励内容和形式才能够获得比较好的奖励效果。

本章我们重点探讨了有关微商团队管理中目标管理的内容，从中我们能够感受到，对于微商团队管理而言，制定团队目标、监督目标实施直到目标达成后的奖励构成了整个微商团队目标管理的骨架。对于微商的领导者们而言，目标管理是不能忽视的管理内容，它是微商团队达成经营任务、实现快速发展的航标。在目前微商行业处于动荡期的大背景下，微商团队只有在管理层面多下工夫，才能够在市场竞争中获得先机。而目标管理则是微商团队管理中重要的组成部分。

CHAPTER 9

第9章

微商团队管理修炼七剑之第七剑：团队文化管理

微商团队管理修炼七剑里的最后一部分，涉及的内容是团队的文化管理（图 9-1）。这是因为很多年轻的微商团队领导者在团队文化管理上可以说是几乎空白化的。看看我们身边的那些微商团队的领导者就不难发现，他们大多数时间都忙于团队的销售业绩提升与无休止的培训，而对团队文化关注得不够。作为微商团队管理中不可或缺的内容，在本章里，我们将重点强调团队文化建设的重要性与如何进行建设的问题。

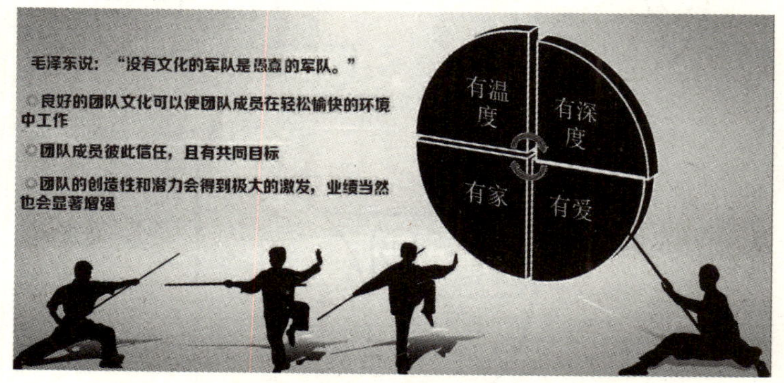

图 9-1　微商团队文化管理

9.1 没有文化的军队是“愚蠢”的军队

我们在这里所说的团队文化，指的是微商团队成员在相互合作的过程中，为实现各自的价值，并为完成团队共同目标而形成的一种潜意识文化。团队文化是社会文化与团队长期形成的传统文化观念的产物，包括价值观、最高目标、行为准则、管理制度、道德风尚等内容。它以全体团队成员为对象，通过宣传、教育、培训和文化娱乐等方式，最大限度地统一团队成员的意志，规范他们的行为，凝聚他们的力量，为团队总目标的实现而奋斗。

团队文化管理的重要性

毛泽东曾经有一句名言：没有文化的军队是愚蠢的军队。从中我们就能够感受到一代领导同志对团队文化管理是多么重视程度。

1944 年 10 月 30 日，毛泽东在陕甘宁边区文教工作者会议上做了《文化工作中的统一战线》的讲演，强调了文化工作的重要性。

建立有文化的军队，是毛泽东建军思想的重要组成部分。工农是革命军队的主要成分，他们由于长期遭受封建地主阶级和资产阶级的统治，不识字，没文化，这种状况对于他们提高觉悟、掌握军事技术妨碍极大。因此，早在人民军队初创时期，毛泽东就把提高部队文化水平作为重要任务提了出来，把建设有文化的军队作为我军建设的重要组成部分。

从红军时期开始，毛泽东就一直重视军队内部的教育普及，在干部战士中开展文化和宣传工作，以提高干部和战士的政治觉悟和文化水平。一方面开展教育活动，组织干部战士学习文化知识；另一方面在军队中办学校教育，大量培养掌握军事和其他专业知识技能的干部。红军时期，即在苏区建立了红军大学和无线电、卫生等专门学校；抗日战争时期，在延安办起了抗日军政大学等层次不同的指挥与专业技术学校，逐渐形成了一整套人民军队的文化教育工作的制度、措施和方法。在毛泽东建设一支有文化的人民军队思想的指导下，从红军至八路军、新四军到中国人民解放军，文化建设始终都是这支新型人民军队自身建设的重要任务。

如果把军队看成是一个团队的话，军队的文化建设就是一种团队文化的管理与建设，其重要性已经不言而喻。从管理的角度来看，团队文化是一个团队存在的基础。一个优秀的团队肯定具有非常良好的氛围，只有这样，团队成员才会有凝聚力。其实，团队的这种良好氛围是由它特定的文化所引导的。在一个团队里，被所有成员高度认同的共同的价值观、道德观和世界观就是团队文化的表现形式。正是有了共同的高度认同的文化，不同的人之间才会引起强烈的共鸣，才会产生强大的凝聚力和向心力，所以我们才说，团队文化是一个团队存在的基础。

同时，优秀的团队文化不仅有引导和产生团队凝聚力的作用，还有很强的约束作用。当某个团队成员背离团队文化时，团队的其他成员都会对他进行指责和批评，使其产生被团队抛弃的恐慌感，而重新回归到团队文化中来。这就是团队文化所产生的对团队成员的强大约束力。

团队文化不仅是团队对外的形象代言，更是它在市场环境里获得成功的助力。

海尔集团的企业文化建设是一个很好的例子。2004 年，世界五大品牌价值评估机构之一的世界品牌实验室编制的《世界最具影响力的 100 个品牌》中，海尔集团是中国企业中唯一入选的品牌，排在第 95 位，实现了中国品牌零的突破。

海尔集团总裁张瑞敏在扩大规模和兼并其他企业时曾提到过，“一般兼并企业第一个去的部门都是财务，我们去的第一个部门是企业文化中心。”如果说产品竞争创造着人类越来越丰富和完美的物质生活的话，那么企业文化的竞争将造就一代新人，推动社会文明的进程。

从很早开始，海尔就发现了企业文化的重要性，较早地认识到这是一处可大力开采的“富矿”、一笔有无限活力的资源。一直到今天，海尔都把企业文化建设当成与企业高科技发展并存的软件工程。集团总裁张瑞敏把海尔的企业文化看作是海尔的无形资产，是具有海尔特色的意识形态。他把企业文化建设贯彻到了海尔集团各个分机构和各个实业部门的经营、管理工作中。

一句“真诚到永远”让海尔品牌成为中国制造的诚信标签，加上员工敬业的直观形象，表现出了海尔的企业文化内涵，使受众看后就产生了一定的亲切感。同时，其产品的形象和企业的形象也能够在一定程度上反映出企业的价值取向，这就为企业社会形象和竞争力的提高打下了基础。

从海尔的案例，我们可以感受到文化建设对一个企业乃至团队的重要性，它甚至可以说是企业获得成功的必要条件之一。

团队文化管理的作用

纵观世界，我们能够发现几乎所有的知名企业都有自己独特的团队文化，而团队文化也是企业这个大团队能否做大做强、长远发展的决定性因素之一。

团队文化的建设是团队长期稳步发展的重要保障。一个忽视了文化建设的团队会令团队中的个体感觉不到团队的力量，也就无法真心融入团队，最终对团队的成长与长期发展造成负面影响。

团队文化建设能够推动团队的运作和发展。在团队文化的影响下，团队成员能够互相关心、互相帮助，显示出关心团队的主人翁责任感，并努力自觉地维护团队的集体荣誉，自觉地以团队的整体声誉为重，来约束自己的行为，从而使团队文化成为整个团队发展的助力。

团队文化建设还有助于培养团队成员之间的亲和力。一个拥有团队文化的团队，能使每个团队成员显示高涨的士气，激发成员工作的主动性，由此而形成集体意识、共同的价值观、高涨的士气、团结友爱精神，这样团队成员才会自愿将自己的聪明才智贡献给团队，同时也使自己得到更全面的发展。

团队文化建设还有利于提高团队的整体效能，进一步减少内耗。一个团队内部如果总是把时间花在怎样界定责任、应该找谁处理，就会让客户、团队成员团团转，那么不仅损伤团队的凝聚力，也会阻碍团队整体效能的提升。而团队文化建设恰恰能够在这方面发挥其积极的作用。

9.2 制度约束人，精神凝人心

前文我们强调了一个优秀的微商团队依靠的是优秀文化的引导，那么优秀团队文化如何创建呢？对此，我们总结出影响优秀团队文化建设的几个核心要素：确立先进的理念、建立完善的制度体系、提高团队领导者的自身素质以及长期坚持而形成风气。

影响优秀团队文化建设的核心要素

影响优秀团队文化建设的核心要素之一是确立先进的文化理念。在文化理念中，我们能够看到自己团队的发展前景，如是否有广阔的市场需求等，同时还能够看到自己成功的前景。如果团队有远大的前途，那么自己的成功前景也就会相对乐观。

日本松下电器公司称得上是世界级的电器集团。公司创始人松下幸之助创建公司的理念是，立志让世界上所有的人像享用自来水一样享用松下生产的电器产品。这样的团队生存、发展的宗旨和使命对于一个团队来说起到了精神核心的作用，它包含了团队组成的目的、发展的方向。松下电器公司的所有员工都紧紧地围绕这一理念艰苦奋斗，他们从这一理念中感受到了一种巨大无比的力量，它也成为松下电器公司发展的原动力。

影响优秀团队文化建设的核心要素之二是建立完善的制度体系。古语有云，“没有规矩，不成方圆”。在一个团队里推行文化理念，只有建立了完善的制度体系，才能使团队成员亲身理解、体会到理念的存在，才能以文化理念来规范团队成员的行为。建立完善的制度体系包括以下两个方面：**一方面是建立有形的制度，**这一点比较容易理解，它就是团队里的各种规章制度，主要包含行为规范和奖惩制度两个部分；**另一方面是建立无形的制度，**这是因为有形的制度不可能将团队成员的所有行为都列入规范范围，如道德层次的行为就不易规范。但作为一个团队而言，必须要有自己的行为准则，而这就是无形的制度。通俗来说，我们可以把无形的制度看作是一种氛围，让团队成员处于团队的氛围之中，如果不顺从多数人的行为，就会被视为违反了无形的制度。例如，一个团队内部的成员之间建立了互帮互助的氛围，那么在别人有困难时袖手旁观的人就会被视为在团队里不受欢迎的人；相反，如果一个团队内部奉行的是“各扫门前雪”的准则，那么对人热情的行为将被视为别有用心。团队内无形制度的形成通常需要一个长期的过程。其形成的主要因素包括团队成员的文化基础以及团队领导者的愿望和努力程度。

影响优秀团队文化建设的核心要素之三是团队领导者的自身素质。在军队中，我们经常会讲“什么样的干部带什么样的兵”，也有“兵熊熊一个，将熊熊一窝”的说法，这些都是在谈领导者对于团队文化创建的重要性。在《孙子兵法》里也记载着，“将者，智、信、仁、勇、严也”，意思是说只有具有“智、信、仁、勇、严”素质的将领才能带出能征善战的团队。

“智”指的是智慧，它的含义是作为团队领导者必须具备大智慧，拥有能够通观全局、审时度势做出正确决策的能力。如加璐家居董事长郑乐彬在看到家具外销转冷的市场形势时，带领加璐团队将业务重心转向国内市场，全力打造加璐精品婴童家具品牌，使企业迅速发展起来。领导者肩负着在关键时刻做出正确决策，带领团队走向成功的重任，因此他必须具有大智慧才行。

“信”指的是信用，是诚信。团队领导者必须要严守信用、说到做到、

令出法随，只有这样才能在团队中确立威信与地位。威信是在团队中领导者与被领导者之间的一种心理契约，这种契约是建立在品格、才能等相互充分信任的基础上的。这种契约不仅便于规章制度的落实，更有利于正常工作秩序的建立，同时也有利于团体文化的建设。

“仁”指的是仁爱，指像爱护自己一样去爱护别人。团队领导者要用仁爱去体察团队成员的困难，关心他们的生活，达到与团队成员之间心灵上的沟通，最大限度地凝聚人心，调动他们的积极性。

“勇”指的是一种奉献精神。为了事业的成功，甘愿做出自己的牺牲，这种精神的感召力非常强大。当然，“勇”也分为2种，一种是“小勇”，另一种是“大勇”。“大勇”是智慧与奉献、牺牲精神的完美结合。西方的军事理论家克劳塞维茨说过，拥有“大勇”的人不会因小事而激动，一旦激动起来就像熊熊燃烧的大火久久不熄，他的意志就像狂风大浪的海洋上一只小船的罗盘指针一样——坚定不移地指着北方，即使大山也会在他面前移动。团队领导者之所以要具备“大勇”精神，是因为在任何事业中，成功的机遇和失败的风险都是同时存在的，大的机会往往对应着大的风险，小的机会对应的是小的风险。因此，没有智慧与奉献、牺牲完美结合的冒险精神，就不可能取得大的成功。领导者只有具备了这一精神，才能够带领团队走向辉煌的胜利。

“严”指的是严格，它是微商团队形成战力的重要手段。古人云，“慈不掌兵”，意思就是说领导者心慈手软，不敢严格要求，不敢施行纪律，那么他手下的团队必然会变成各行其是的一盘散沙。另外，没有严格的纪律，文化的建设与重塑就会成为空谈。

影响优秀团队文化建设的核心要素之四是长期坚持并形成风气。这一点是团队文化形成的关键步骤，不能省略。这一要素的实现从理论上讲需要一个相当长的时间，从现实来看，它贯穿于团队的始终，无时无刻、无处不在进行着。一个团队的文化只有通过这种一以贯之的坚持，才能习惯成自然，最终形成团队自身完善的文化体系。

团队文化的表现形式

前文我们已经谈到，对于微商团队而言，必须要有自身独特的团队文化。那么团队文化具体表现在何处呢？一般情况下团队文化主要表现在以下几个方面。

首先，团队精神。团队精神是团队成员共同认可的一种集体意识，是团队成员的工作心理状态和士气的体现，是团队成员的共同价值观和理想信念的体现，是凝聚团队、推动团队发展的精神力量。团队精神是团队成员在行动上"小我"与"大我"的同步发展，它也表现为团队成员之间的互相宽容与理解。团队精神是通过共同的信仰、一致的行动、相似的工作作风、共同的价值观念、标准的行为规范而凝聚起来的一种合力。它必须通过塑造才能形成。团队精神的形成主要来自 2 个方面：一方面是作为社会人特有的合群倾向，这也是团队构建的基础心理因素。因为合群可以满足人们在单独情况下无法得到的各种需要，可以消除孤独感，调节心理和行为。另一方面，团队的目标在于完成任务和使命，为此要求团队成员要同心合力，团结协作，形成凝聚力。

团队精神对团队成员的集体共同意识具有一种强化作用，可以推动团队的有效运作和发展，提高组织的整体效能。如果微商团队的成员具有团队精神，那么就会有以下表现：团队成员对团队具有强烈的归属感，衷心地把自己的前途与团队的命运联系在一起，愿意为团队的利益与目标尽心尽力，显示出高涨的士气；团队成员对团队具有高度的忠诚，决不允许有损害团队利益的事情发生，并且有团队荣誉感；团队成员之间彼此信任，相互协作，信息共享，同舟共济。

众所周知，日本企业的高效率是国际公认的。他们推崇团队作战而不鼓励单打独斗。日本企业的团队具有一种特殊的精神，通常称为"和"的团队精神。这种特殊的团队精神一直被认为是日本经济发展的中坚力量，其主要内容是和谐、团结与搏斗。在企业实践中，实行"和"文化的结果首先是保持了高度和谐的人际关系；其次，在经营决策过程中表现为集体的一致通过；最后，对“和”文化的贯彻和运用使所有团队成员都明确自己的奋斗目标，将自己的奋斗目标指向团队的奋斗目标，把“小我”的方向转化为团队的方向。“和”文化所带来的结果就是加强了团队内部的凝聚力，带来了高质量和高效率，为企业的成功提供了基础保障。

其次，团队效率。它体现在团队成员不断提高自己的能力、素质与觉悟，使整个团队弥漫着终身学习的氛围；在团队文化的影响下，团队目标统一、分工明确、权责分明、办事积极果断；团队成员不墨守成规，经常能创造性地解决问题，并且有着很好的对变化实行检测的预警系统与习惯，能对技术的变迁做出迅速反应，对价值观的变化做出调整；团队民主、平等的氛围使成员畅所欲言，能够从不同角度提出不同的意见和方案，使决策更加科学、合理；团队内部不同岗位之间始终保持着密切的联系，信息沟通快，执行与决策的效率都很高。上述这些就是团队文化在团队效率上所表现出的具体行为。

最后，团队成员情绪。一个好的团队文化氛围会使团队成员之间相互信任，坦诚、开放、平等地沟通与交流，人际关系和谐，成员身心愉快，参与愿望强烈。团队发展过程中即使遇到困难与挫折，也不会影响团队成员的情绪，能够始终愉悦相处并享受作为团队一员的乐趣。

上述这些团队文化在团队中的表现是微商团队领导者建立团队文化体系需要参照的标准。让自己的团队文化能够达到上述这些效果，是建立团队文化的目标。想要实现这一目标，团队领导者必须明白最重要的一点，那就是团队文化的中心是团队价值观，要建立高效的团队文化，就必须建立团队的中心价值体系。所谓团队的中心价值体系，就是在团队的发展过程中形成的有助于指导团队实践活动、实现团队目标的一系列基本的概念、思想和信念。不同的团队可能具有不同的中心价值体系，但其基本要素是相同的，即相互信任、以客户为中心、团结协作精神等。

9.3　培育团队文化的温度与深度

微商的领导者们进行团队文化管理的时候，应当秉承着两点来培育团队文化，那就是尽量使团队文化具有温度与深度。

有温度的团队文化

何为有温度的团队文化？在这里我们指的是能够让团队成员在团队中感受到温暖，让他们有家的感觉与爱的感觉。这样的团队文化就是我们所追求的有温度的团队文化。

微商行业是一个竞争激烈、优胜劣汰的世界，因此在这个行业里实际上从业的人们是比较缺乏安全感的。生意好的时候没问题，但一旦团队业绩不佳，那么一系列负面气氛就会接踵而来，导致团队成员丧失安全感，继而引发团队的分崩离析。上述这种情况几乎无法避免，微商领导者无论是谁都不能保证在微商这条路上永远一帆风顺，一旦遭遇困难挫折，就要依靠有温度的团队文化来支撑起团队继续前行。

打造有温度的团队文化可以以下从几个方面入手。

第一，设计团队口号。团队口号是供团队成员口头呼喊的有纲领性和鼓动作用的简短句子，一方面，它反映了一个团队的目标、士气；另一方面，团队口号也促进了团队人员意识及能动作用的形成，促使他们为团队的共同目标去努力。因此，为团队设计口号并不是表面文章，而是具有现实意义的，是团队文化建设不可或缺的部分。

第二，在团队文化建设里加入感恩内容。感恩的含义是乐于把得到好处的感激呈现出来且回馈他人。所谓“恩”即是给予、帮助、支持和信任。感恩是中华民族优良的传统美德之一，同样也是卓越团队文化的一个重要方面。作为团队领导者，应当把感恩作为培育团队精神的灵魂和引擎。这是因为，懂得感恩是一个团队成员优良品质的体现，一个懂得感恩的人才能成为优秀的人；懂得感恩是做好工作的基础。一个团队如果没有成员之间的相互感恩和回报，就不可能形成凝聚力强的团队精神。感恩文化的存在加强了团队文化的温度感，让团队成员能够保持一种平和的心态，相互关爱，团结合作。

第三，团队关怀。关怀本身就是一个具有温度的举动。在团队里，领导者是不是关心下属，团队活动有没有关怀的内容，这都是团队文化建设需要注意的地方。团队关怀的方法很多，微商的领导者们可以采用下面的方式。

第一种，注重团队成员生活与工作的平衡。微商行业的工作压力本来就很大，再加上社会给予个人的生活压力、家庭教育压力等，往往会让人疲于应付。所以，如何保持团队成员生活与工作的平衡非常重要。作为团队领导者，要尽可能地给予团队成员更多的个人时间，同时帮助他们最大限度地提高工作效率。

第二种，进行心理辅导。巨大的销售压力往往是微商行业从业者必须面对的。长期处于这种高压之下会给人的心理造成负面影响。因此，团队领导者要通过心理辅导的方式来及时疏导团队成员产生的不良情绪，排除隐患，传递正能量。

第三种，关怀团队成员家属。微商的领导者还要对团队成员的家庭状况做到了解，能够适时提供意想不到但是又恰到好处的帮助。事实证明，这样做的效果会明显优于直接对团队成员本人实施这些措施。

第四种，为团队成员的职业生涯发展做好规划指导。团队领导者要给团队成员提供专业的指导意见，并指明其发展的路径，帮助他们做好切实可行的计划。

第五种，适当的物质激励。适时、适量的物质激励也是团队关怀的表现。

有深度的团队文化

所谓有深度的团队文化实际上指的是团队文化管理要成体系、有纵深，不能浮于表面，要真正地深入到团队的骨髓之中。

想要做到这一点，领导者就要为微商团队设计专门的团队文化模型，如图 9-2 所示，团队文化的模型包含 3 个层次，**最核心的是信仰，其次是价值观，最外在的表现则是行为方式。**

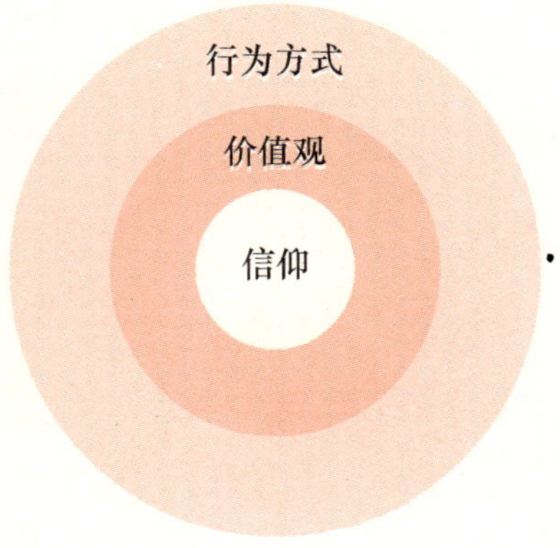

图 9-2　团队文化模型

团队文化的核心是建立信仰。因为信仰带来的是共同的追求，是整个团队聚在一起的理由。也正因为信仰的存在，团队的灵魂归于一处，可以突破难以想象的困难，从而实现远大的目标。

> 在一部名为《远征南极》的电影中，主角英国探险家沙克尔顿因为信仰组建了一只远征南极的探险队，当他们在南极探险经历灾难时，又同样因为信仰而走出困境。当时沙克尔顿的队友们被困在营地，因为相信沙克尔顿一定会回来救他们而一直坚持着，突破了常人难以克服的困难，从而最终获救。

世界上很多成功的企业都是依靠信仰来支撑团队，最终获得成功的。如苹果公司的创始人乔布斯的信仰是改变世界，他把这个信仰植入了苹果团队，从而取得了今天的成就。关于信仰与团队，可以为团队建立共同的信仰，如乔布斯用信仰来领导苹果团队；也可以以共同的信仰来组建团队，如新农宝本着“为耕者谋利，为食者造福”的使命感召集了一大批有情怀、有卓见、肯奋斗的创业者组成了团队，同样凭借着信仰的感召获得了成功。由此可见，对于团队文化深度的打造，核心是建立起团队共同的信仰。

共同的价值观是团队保持长久稳定的中坚基石。因为价值观的一致能够带来团队成员的行为上下统一，从而使团队整体形象表现出价值观的影子。例如，一个微商团队共同的价值观是诚信，那么团队所有成员在处理客户、上下游伙伴、团队成员之间的关系事件时，诚信都会放在第一位，在这个共同的价值观影响下，团队所展现出的形象、行为都会带有诚信的特征。本着诚信原则，微商团队里的招商人员会在选择加盟伙伴时如实介绍产品与团队发展情况、团队优势和能够带给加盟伙伴的利益，也会为团队自身慎重如实甄选加盟伙伴，而不会出现因为追求短期加盟人数从而伤害了团队长期发展利益的行为。在团队内部，诚信的价值观往往表现为做出的承诺就一定会去实现，如此一来就建立起了团队内部强大的信赖感，降低了沟通猜疑的内耗成本。对于个别团队成员出现违背诚信的原则的情形，团队领导者能够严肃处理，绝不姑息。这样基于共同价值的团队，内部实现了降低沟通成本、提高团队效率。长此以往，外部的客户及合作伙伴间也就建立起一种对这个微商团队“强大基于诚信”的信任感。试想，这样的团队能不发展得越来越好吗？

团队文化模型的外在表现层是打造建立在共同价值观体系之上的一致的团队行为方式。例如，最常见的是倡导“胜则举杯相庆，败则拼死相救”的团队宗旨。那么在这样的团队行为宗旨的指导下，团队内部从协作上就完全消除了隔膜，团队成员的一切行为都以团队成功为目标，各尽所能，配合实现成功；遇到难题时，团队成员能够主动出手，互相帮助；在团队文化管理的机制上，领导者能对优秀的行为加以褒奖，树立优秀典型，使更多团队成员效仿典型，积极向上。再例如，如果一个团队的行为宗旨是“对结果负责”，那么就会在行为方式上留给团队成员更多自主完成工作的空间；同时在文化管理机制上，领导者要设置关键的时间或进度节点作为对团队成员完成工作的监控和提醒，而对于完成工作的过程则不需要过多关注。如果团队成员完成了工作，实现了结果，那么就应该按规则给予奖励；如果没有达成结果，那么本着“对结果负责”的态度就要给予相应的惩戒。在这样的团队行为方式里，团队成员一旦承诺了工作任务，就会想尽一切办法来保证工作目标的实现，也正因此就形成强大的团队执行力。

团队文化的建设需要一个漫长的过程，它需要微商团队的领导者们通过不断的尝试、学习、沟通、分享等来向团队成员灌输本团队的文化理念，同时还要用心管理，才能形成独特的团队文化。

9.4　激发团队潜力，带来业绩提升

团队文化管理的本质目的，是为了激发团队成员的潜力，从而为团队目标的实现带来帮助。因此，通过团队文化激发团队成员的潜在能力，让他们脱胎换骨，这是团队领导者们要实现的目标。

建立适合激发团队潜力的文化管理机制

想要激发团队潜力，带来团队业绩的提升，仅仅凭借空洞的口号是不可能的。团队领导者必须为此建立一整套配合实施的文化管理机制。这一机制包含以下几方面内容。

第一，完善的激励制度。对于激励能够带来的效果其实已经无需多言。当在工作中没有激励，领导者在给团队成员分配任务或目标的时候往往会带给团队成员下属一种“要我干”的被压迫、被命令的感觉，这无助于工作目标的实现，有时候反而起到相反的效果。如果有激励机制，团队成员就会脱离被动的工作状态，由“要我干”转变成“我要干”。在这样的状态下，

团队成员对待工作就会积极主动，做事的状态也会由一般认真转变为全力以赴。

前文我们谈到过有关激励的问题，在这里需要特别强调一点：在实施激励的过程中一定要注意方法。很多时候团队在制定激励规则的时候，往往带着感情色彩或是出于人性化考虑。这样制定出来的规则一般达不到激励的目的。如在制定激励规则过程中只有正激励没有负激励，这样只会对自我要求积极上进的员工起到激励作用，对于安于现状、不思进取的人起不到任何推动作用。我们都知道，很多工作的推动或者完成更多的需要团队的合作，如果有一环出现问题，那么整个工作的完美实现就会打折扣。同时，人是最容易受到环境影响的。如果整个团队的工作环境都是积极上进的，那么团队所有的成员都会积极向上；如果只是部分成员积极向上，那么团队的整体不仅远远不能变得正向，反而会因为消极者的存在而对态度积极的成员产生负面影响。

第二，完善的 PK 机制。这一点在前文我们也曾用专门探讨过。建立 PK 机制的目的是营造良性的竞争氛围。不管是国家还是企业，不管是团队还是个人，都离不开竞争。缺乏竞争的环境，团队会因为过于安逸而走向衰败或灭亡。

在改革开放之前，中国实行计划经济，资源匮乏，企业缺少竞争，因此也就没有经历生存危机。改革开放之后变成了市场经济，各行各业都需要展开竞争，竞争存在于产品质量、款式、外观、设计、技术等多方面。为了取得更多的客户，为了赚取更多的财富，企业和企业之间开始进行全方位的 PK，获胜者自然就能抢占市场的大部分份额，处于霸主地位。

从我国企业的发展经历中可以看到，竞争才是激发团队活力和潜力的唯一途径。良性的竞争会保证一个团队健康持续发展，这就是要建立、完善 PK 机制的原因。

PK 机制其实就像玩游戏一样，拥有自己的游戏规则，要么不玩，要玩就必须遵守这个游戏规则。不想参与 PK 的团队成员首先从心态上已经有了问题，因此 PK 机制也是很好的筛选优秀员工的一种方式。在制定 PK 机制的时候，领导者想让团队成员更加努力去做什么工作，就可以建立这个方面的 PK 竞赛机制。PK 的结果要能进行量化，这样才更加具有说服力。

第三，团队内人才的制衡机制。对于微商团队而言，一个老生常谈的问题就是核心成员难管理的问题。那些销售业绩出色、人脉资源丰富的骨干成员总是难以管理，管理稍微严格点就有抱怨，只要不开心马上就拉着自己的团队出走。而微商的团队领导者们由于害怕给团队造成巨大损失，因此对他们的管理很松散。殊不知，这样的管理方式会让团队中其他的成员对团队管理制度的有效性产生疑问。很显然，这样的管理方式是不对的。当一个骨干成员发现自己的位置无人可替代的时候，就可能会得意忘形，这对团队的发展、对成员个人潜力的发掘都是非常不利的。那么如何管理这些骨干成员呢？正确的做法是采用人才制衡的方式来解决这一难题。一旦团队领导者发现团队里面有骨干成员不服从管理的时候，就要去储备相关岗位的人员，对储备人员进行重点培养。这个方法非常有效。对于人才的制衡机制，从古到今，无论在官场还是在企业里都是存在的。康熙年间就有四位辅佐大臣，一方面辅佐康熙，另一方面稳定政权，四人之间相互制衡。无形中四位大臣就会相互制约，相互牵制，想要突出就要非常努力，这样大臣们的潜力得到了发挥，江山社稷也得到了稳定。

第四，在团队文化中建立成员的关怀机制。这就是前文我们谈到的建立有温度的团队文化，在这里就不再展开了。

激发团队潜力的十大方式

运用团队文化的管理机制来激发团队成员的潜力通常来说有以下几个常用的方式。

第一，管理要注重结果和效率。当对团队实施文化管理时，领导者应该设立明确的目标，让团队成员每周用足够的时间来完成工作，并要求他们准时参加团队的培训会议。除此之外，对于团队成员具体的工作时间安排，领导者不必过问，也就是说让团队成员自己来管理自己的时间。这样做的好处是，通过这种管理方式可以告诉团队下属成员，你信任他们。

第二，让团队成员发挥所长。作为团队的领导者，对团队里成员的能力所长要做到心中有数，只有这样才能确保他们在团队里所承担的工作都能够发挥所长。如果领导者掌管的是一个已经初具规模的团队，这点尤为重要。领导者不能仅仅因为某个成员在某个岗位上已经工作了很长时间就不去改变他的职能。只要领导者认为他能够在其他的职位上做出更多的贡献，就应该认真考虑进行调整。

第三，让团队成员去做自己喜欢的工作项目。让团队成员处于团队正确位置的另外一种方法是，找到他们真正的爱好所在，并看他们是否能够把其热情投入到工作岗位上。也许这样有时候会把某些团队成员调到他们经验不多的岗位上，但领导者如果根据他们以前的工作表现确信他们能胜任这个岗位，那么这个举动就是非常值得的，因为团队成员的热情将对他们的学习和成长起到非常重要的推动作用。

第四，在最佳时机使用最佳人选。当领导者遇到很好的机会能够推动整个团队向前发展时，团队内部的人员调整不可避免。这种情况下，领导者就要去思考谁才是助推团队发展的最佳人选。除了寻找和挑选有能力胜任新岗位的人选之外，领导者还需要关注那些有成功经验的人选。

第五，设定目标要兼具挑战与现实情况。合适的目标对于激发团队潜力有着不容忽视的作用。前文我们谈到，通过设定积极目标和督促团队成员定期汇报目标达成的进度，来建立奖惩机制。但是，设立目标时，领导者要兼具目标的挑战性与团队的现实状况，即目标不能太高，否则会使团队成员产生挫败感，认为自己永远无法达成目标。这就意味着领导者必须定期重新评估目标的可实行性，从而决定团队成员是否需要减少或者增加工作任务。

第六，让团队成员感受到作为领导者对他们的信任。微商这个行业的一个典型特征是需要有创造性的解决方案和决策，微商的团队成员们需要保持敏锐的思维以实现最佳的销售业绩。因此，作为团队的领导者，很重要的一点就是要在团队里营造一种创造性氛围。为了做到这一点，领导者必须让团队成员清楚地知道你信任他们，知道你相信他们有能力做好工作、解决问题和如期完成工作。

第七，不要在公共场合责备团队成员。任何一个人都会有跌倒的时候，都会做一些不尽如人意的事。因此，对于绩效不佳的团队成员，领导者也不要在整个团队面前去责备他，无论直接或是间接，如在培训会议上或群发邮件时。领导者应当帮助他分析和发现哪里出了问题，如何去解决问题，并从失败中汲取教训。这一切行动最好都在私下进行，一方面避免团队的其他成员受到负面影响，另一方面也顾全了这个成员的个人面子。

第八，不要帮助团队成员过度规避风险。有时候，失败会暴露一些团队成员的弱点，但有时候即便是优秀的团队成员也会遭遇失败。因此领导者要搞清楚这两种情况之间的区别。如果一位优秀的团队成员去推广一个糟糕的产品，那么即使失败也并不能说明这个成员的个人能力差，而是因为产品出了问题。所以，当团队业绩不好的时候不要过分紧张，要把每一次失败的经历当作学习的机会。很多微商团队领导者都会帮助自己的团队成员过度规避风险，尽量去做容易成功的事。这样做的坏处是，在领导者的极力呵护下，团队成员们没有经受失败的锤炼，没有获得任何失败的经验，一者容易让他们失去进步的动力，再者当无可避免的失败来临的时候，团队的整体承受力将面临考验的时候，团队很可能迅速溃败，没有任何抗击打能力。

第九，培养团队成员独立思考的能力。作为团队领导者，并不是说必须要包揽所有的创新决策工作。很多团队都面临这个问题，如果没有先征求领导者的意见，团队成员就会犹豫不决，无法做出决定。这是一个不正常的团队氛围，它完全扼杀了团队成员的创造力与决断能力。为了避免这种情况，就要求团队领导者在成员就某一问题询问的时候，应该反问他们“你们是怎么想的”，不要一下子就给出所有的答案。

第十，与团队成员达成共识。作为团队的领导者，最主要的职责之一是与团队成员沟通工作新的进展和策略。很多情况下，领导者的想法与团队成员的想法之间存在着不同。如一个在团队里很常见的现象是，团队成员们已经有成形的想法去完成某项工作，结果领导者却提出了一个全新的方式，这会严重影响团队成员个人的正常工作。当领导者突然告诉团队成员自己的新方式时，自然也就会引起他们的抵触和怀疑。因此，随时沟通、达成共识是解决这个问题的重要方式。如果领导者能够事先告诉团队成员工作的情况或许会有变化，让他们知道相关原因，那么他们会很高兴。如果团队成员不同意领导者采用的方式，那就让他们自由地表达自己的不同见解，这是团队民主的表现。领导者可以以此提升团队成员对自我重要性的肯定，让他们的团队归属感更强烈，从而激发他们的工作热情与潜力。

微商团队管理的最后一部分内容就到此结束了。对于微商团队的文化管理，在这里还要再多说一句，那就是微商的团队文化是一个看不见、摸不着，但却能够强烈感受到的东西。一旦你忽视它，那么灾难可能随时出现；一旦你重视它，又可能在团队日常的表现里找不到实施效果的踪迹。因此，很多微商团队在灾难没有来临的时候往往就会忽视它。微商团队文化管理是一项长期性的工作，团队文化的培育和建设也不是一蹴而就的。因此希望我们的微商团队领导者们能够多一些耐心，多一些细心，坚持去进行团队文化的建立与管理。从长期的角度来看，整个微商团队必定会因此受益良多。

第10章

团队管理——微商可持续发展的新引擎

众所周知，微商行业比拼的除了产品外，就是团队。一个好的团队最直接的能力就是哪怕产品一般也能够把它做火，因此可以说，顶级微商的团队具有化腐朽为神奇的能力。那么对于微商，特别是中小微商而言，如何让团队成为顶级团队、超级团队呢？团队管理就是帮助你们实现愿望的捷径。微商们必须清楚，并不是说团队里拥有了“超级成员”“明星成员”就一定会成功，还要看团队环境是否与成员相匹配、团队资源是否能够帮助团队获得成功等。这一系列问题的解决之道都要归为团队管理，这就是我们在本书中不断强调团队管理重要性的原因。当行业的环境发生变化、客户的需求发生转移、团队的内部产生问题的时候，微商的领导者们必须依靠团队管理的手段来解决这些问题。因此我们说，团队管理是微商可持续发展的引擎。

10.1　实体微商时代团队管理的现实意义

很多微商的团队领导者都有这样的体会：建立一个微商团队容易，管理它却很难。这个行业里很多微商不是倒在搭建团队上，而是倒在团队管理上。

从 2015 年下半年开始，微商品牌开始出现这样的迹象，即开始开拓线下渠道。这代表着微商行业进入一个新的时期，那就是实体微商时期。不少业内人士都认为这是一种 O2O 的方式，即从线上微商到线下实体，最后再回归线上。实体微商给微商团队管理带来了更多的挑战，毕竟对于微商来说，线上是传统的销售渠道，分销代理模式轻车熟路，而走向实体后，微商领导者必须把管理的精力向线下转移，挑战性是显而易见的。

微商团队管理难题

微商团队的主体是代理商团队，因此每个微商领导者都会把管理的重心放在这里。然而从现实的情况来看，管理的难题很多，管理的效果不尽如人意。其主要的问题在于以下几点。

第一，团队在遭遇挫折时抗击打能力弱。很多代理刚开始加入团队的时候都是激情满满，原因是他们对未来充满希望，对微商充满好奇。可是经过一段时间后，如果销售不见起色，如做了 1 个月、2 个月，本钱都没有收回，没有卖出什么产品，他们就会感觉现实与想象的完全不一样，微商行业也不是那么赚钱，做起来也不是那么开心，不是那么轻松。产生了这样的想法后，其中的有些人就会开始发牢骚，继而失去信心，变得没有激情。他们的表现也会从最初的每天积极发朋友圈，到后来变成一条都不发；从开始的时候与团队成员一起积极学习和交流，在群里互动频率很高，到逐渐会变为不再说话，甚至销声匿迹，退出微商。

第二，出货速度由快变慢，团队士气受挫。很多人一开始加入微商的时候，都是从自己的亲朋好友开始产品的销售，因此那个时候销售成绩往往都不错。可是当过了一段时间没有新客源的时候，就出现了明显的销售瓶颈。此时，由于不懂得如何拓展新客源，就会陷入迷茫，时间一长也就随之失去了信心。在微商的销售团队里，这是一个普遍性的问题，可能团队2/3的人都会遇到类似情况。如果不能突破，对整个团队的负面影响很大，团队的士气也会因此极度受挫。

第三，团队成员的“移情别恋”。相信很多微商团队都有这样的经历，团队成员“移情别恋”，让好不容易培养起来的团队骨干变成了另一个团队的人，甚至成了自己的竞争对手。这种情况的出现不仅影响了团队业绩，更重要的是还影响团队其他成员的信心。在目前的微商行业，很多团队成员都没有什么忠诚度可言，一旦团队的产品不好卖、不赚钱，或者是别的团队抛出一些诱惑，他们就会马上离开，投奔他处。更严重的情况是，有时候团队成员不是一个人离开，而是还会带走团队内的其他成员。如此一来，微商团队难免军心涣散，最终走向支离破碎。

第四，团队内耗。当微商的团队人数变得极度膨胀的时候，就容易出现内耗的情况。人们常说，一个坚固的堡垒往往是从内部被攻破的。对于具备了一定实力的微商团队而言，最大的威胁不是别人，反而是自己。例如，微商行业经常出现争抢代理的情况，一旦团队领导者没有处理好，内部矛盾就会激化。

第五，团队成员翅膀硬了，自立门户。作为微商团队的领导者，其实心情是很矛盾的，一方面希望团队成员越做越大，另一方面又怕他们做大。原因是当团队成员1个月可以做上百万、上千万业绩之后，他们就会自立门户。这是一个很现实的问题，同时也是困扰团队领导者的巨大难题。

微商团队管理的意义

微商的团队管理实际上是在微商的团队中，根据团队成员工作性质、能力对团队工作进行合理配置，以期更好地解决团队的问题，提高团队的业绩和达成团队的目标。同时，团队管理还要实现正确引导团队成员思维情感，使其向着有利于团队利益与团队长期发展的方向发散，从而保证团队稳定团结，确保团队的战斗力。

团队管理离不开3个要素：**一是制度，**制度是团队成员统一遵循的规矩，它既能促进团队的一致性，又能确保工作有序开展；**二是工作标准，**工作标准既是业务开展的依据，又是工作的指导，避免工作出现随意和偏差；**三是团队的战斗力，**战斗力是无形的，但却至关重要，它体现在勇于进取、乐观自信、不怕困难、敢于担当等方面。团队具备战斗力的前提是团队的内在动力得到激发。缺少这一项，任凭资源足、能力强、制度严、方向对，都未必能确保团队最终目标的实现。

因此，微商团队管理的意义在于以下几个方面。

首先，使团队管理具有目标导向功能。其中对于团队精神的培养能够使团队成员齐心协力，拧成一股绳，朝着一个目标努力。

其次，团队管理还具有凝聚功能。任何团队群体都需要凝聚力。通过对团队群体意识的培养，通过对团队成员在长期的实践中形成的习惯、信仰、动机、兴趣等文化心理的研究，来沟通成员之间的思想，引导团队成员产生共同的使命感、归属感和认同感，反过来逐渐强化团队精神，从而产生一种强大的凝聚力。

再次，团队管理具有激励功能。团队管理的激励作用是通过团队成员自觉地要求进步，力争与团队中最优秀的成员看齐来实现。这种激励不是单纯停留在物质的基础上，而是更具有精神上的积极作用。它能够使团队成员得到整个团队的认可，获得团队中其他员工的尊敬，因此其精神层面的意义更大。

最后，团队管理还具有控制功能。在一个团队中，团队成员的个体行为需要控制，群体行为也需要协调。因此团队管理所产生的控制功能就是通过团队内部所形成的一种观念的力量、氛围的影响，去约束规范，控制团队成员的个体行为。这种控制不是自上而下的硬性强制力量，而是由硬性控制向软性控制过渡的行为。通过控制团队成员的行为，最终实现影响他们意识的目的；由控制团队成员的短期行为，转向对其价值观和长期目标的影响。因此，这种控制更为持久、有意义，而且容易深入人心。

10.2 培训机制锻炼“小白”，分销体系裂变“造血”

在微商团队管理中，对新成员的管理是保证团队可持续发展的重要一环。那么，在已经建立好的团队体系内，通过培训机制来锻炼新成员，从而不断为团队“输血”，是微商团队管理必须达到的目的。

通过管理为团队造血

如果把微商团队的领导者分为不同的层次，那么包括以下几种：**第一种是尽自己力量去实现目标；第二种是借助团队成员的力量去实现目标；第三种则是通过启发团队成员的智慧去实现目标。**很显然，亲力亲为的团队领导者落了下乘，而懂得借力而为的领导者也只能说是勉强尚可，只有能够激发团队成员自主意识，让他们自发为团队献计献策从而推动团队业务进程的领导者才是深得团队管理精髓的领导者。而在微商团队管理中，培训是最好的启发团队成员智慧的方式，同时也是微商团队管理中常见的为团队造血的方式。培训的目的是通过经验与方法的传授让团队新老成员的个人业绩获得提升，从而实现团队的业绩目标。

在团队内开展培训的重要性不言而喻。

培训树立了团队中学习的风气。学而知不足，习而知差距。从字形的角度来说，“团队”的意思也表明是一个有口才的人对着一群有耳朵的人讲话。团队需要对成员不断提供学习和培训机会，让团队成员养成学习新知识的习惯，最终在团队内形成学习的风气。

培训学习可以改变团队成员的工作作风，使成员养成正确的工作方法与工作习惯，通过对团队每一个人业务能力的提升，来增强整个团队的战斗能力。同时每次培训过后，领导者要对团队成员做相应的实效评估，测评每次学习培训后的变化与效果，看看是否有针对性地解决了相应的实际问题。

学习型团队带来的是共享与互动的团队氛围，使团队文化进一步升华。同时，工作的学习化使团队成员的个人潜能得到激发，人生价值得到提升。而学习的工作化又使整个团队能够不断地创新和发展。

培训还是有效的激励方式。前面在谈到团队激励问题的时候就曾讲过，培训作为一种精神激励的方法，尤其对于那些渴望上进的团队成员特别有效。它能够进一步开发这些成员的思维能力，为团队贡献更多的智者成员。

对于新成员而言，培训是让他们短期内融入团队、融入工作的捷径。几乎所有微商团队都会定期进行不同规模的培训，其中一个主要目的就是为了让新团队成员了解团队，了解行业，迅速掌握工作方法，迅速进入工作状态。

微商的团队流动性比较大，这其实是一个不正常的现象。对任何团队而言，保证人员的稳定性都是非常重要的。在这方面，培训也可以发挥维护团队稳定的作用。培训，特别是集体培训的方式，一方面能够增强团队成员相互之间的关联度和黏性，另一方面也可以树立团队成员的自信心，让他们对团队事业充满希望。在一个健全的培训机制的影响下，团队人员结构的稳定性会大大增强，这对于微商团队来说简直太重要了。

通过培训找到适合的团队骨干

培训除了上述作用之外，还可以帮助团队领导者找到适合去培养的团队骨干，为团队储备骨干人员提供平台。众所周知，一旦能够让团队成员从思想上认同领导者的团队理念，从情感接受团队，团队成员就会在行为上保持高度一致。那么，微商团队的领导者应该甄选什么样的成员作为骨干成员呢？选择团队骨干成员有以下几个条件。

第一，个性要适合。以挑选骨干代理来说，一般微商所销售产品在代理一级主要是通过直接销售的模式去实现。如果微商的产品属于快消品，如面膜等，那么就要求代理必须有足够的冲劲儿与韧性。因为微商的产品大多是通过量大取胜的，如果不能保持旺盛的销售冲劲儿，对产品的持续销售就会产生影响。反之，如果微商团队销售的是系统集成产品或职能开发产品，那么就需要个性沉稳平和、思路缜密的成员作为骨干来培养更为适合。因为此类产品对客户来说决策过程比较长和困难，需要代理具备相应沉稳的性格。由此可以总结出一句话：代理的个性要适合产品的销售模式。

第二，骨干成员必须与团队的发展阶段相契合。例如，处于成长期的微商团队是成长最快的时期，这时候要求团队人员有很强的上进心，需要有不断学习新知识的能力。此时应该选择那些不过分注重现实收益、愿意学习改变自己、希望能够伴随团队共同成长的人作为骨干培养。而处于成熟期的微商团队由于已经解决了生存和成长的问题，当下需要的是稳步发展，处于这个时期的微商团队就要求团队骨干成员的经验要更加丰富，做事要更加沉稳，内部沟通和协调能力要比较强，这样才能更好地适应成熟型的团队。

第三，选择有正能量的人。微商团队里切忌传播负能量，那么在通过培训选择骨干的时候，正能量成员应当获得更多关注。什么样的人才是具有正能量的人呢？那就是对于同一个问题能够看到更多积极方面的人就是具有正能量的人，反之就是具有负面思维的人。例如，对于在北京街头有很多卖水的商家这件事的看法，从积极方面看待的人会说："北京真是个好地方，连水都能卖钱，看样子，在北京能发大财了。"而具有负面思维的人则会说："北京这个地方，连水都要拿钱买，看样子，在北京很难生存。"要知道，优秀的团队骨干都是有正面思维的人。成功的人永远都在寻找成功的方法，而失败的人则永远是在寻找理由。

第四，个人的价值观要与团队价值观相契合。前文我们谈到过，微商团队管理中很重要的一个方面是要建立团队的价值观。那么，每个团队成员也有自己的个人价值观。在选择骨干成员的时候，团队领导者就要观察团队成员的个人价值观与团队整体的价值观是否契合。一个人的价值观决定他的行为。如果团队成员的价值观与团队的价值观不一致，那么他的行为和思维就会与团队的要求形成差别。因此，微商团队的领导者要选择那些目光远大的人、有博大胸怀的人作为骨干。因为一个人胸怀够大，他的世界观才够大，他头脑里的格局才够大。把这样的人纳入自己的团队中，微商团队才真正有可能变得强大。

10.3　奖惩分明，末位也要淘汰

团队管理的激励方式包含 2 种，一种是正向激励，另一种是反向激励，通俗来说就是奖励与惩罚。一般来说，大部分微商团队进行管理的时候更倾向于正向激励，毕竟积极的激励方式能够换来团队成员更为积极的回应，这是毋庸置疑的。关于正向激励在前文我们已经详细介绍过，在这里我们特别要来谈的是有关反向激励的问题，也就是惩罚。

团队惩罚的意义

惩罚这个词其实并不适合应用在团队之中，更加贴切的说法应该称为负激励或者反向激励，这样说更能表达出它的初衷。其实，无论是激励还是惩罚，都是为了解决问题。虽然提起惩罚总是让人感觉不舒服，但是团队领导者却不能只要奖励，不要惩罚，必须要做到奖罚有度。

不管是企业团队也好，微商团队也罢，在团队管理中，领导者对惩罚的运用都非常克制。这是因为从心理学的角度来讲，惩罚会导致行为退缩，会带来消极、被动的行为，如法律的内在机制就是惩罚。因此，团队领导者一般对惩罚的运用非常少，有的甚至没有。从管理的角度而言，惩罚作为一项团队基本的激励行为其实是不可缺少的，但是必须要掌握惩罚的度。适度的惩罚有积极意义，而过度惩罚则会带来团队成员负面的情绪。

我们可以把奖励看成是一种精神的激励，而惩罚则是一种抑制消极的方式，这便是奖励与惩罚所起到的作用。这样说就很容易理解了：在一个团队里如果没有惩罚机制，那么会导致团队成员没有任何危机感，即使是团队里业绩最差的成员也没有任何担心，因为反正团队从来也没有为此惩罚过任何一个人。

因此不管愿意不愿意，团队管理过程必须伴随着惩罚。它不能占据主导地位，但也必不可少，因为惩罚有两个重要的作用，即矫正和震慑。例如，团队成员的工资是10000元，如果一个月的奖金是1000元，那么能够得到这笔奖金的团队成员当然会很高兴，如果得不到他也不会特别在意。但是，如果他的工资被扣了1000元，变成9000元，那么他的心情可想而知，肯定会变得非常不舒服。事实说明，对于一个人来说，没有什么比犯错更能教会他怎么做才是对的。当团队成员自己承担错误后果的时候，他才会心痛，才会明白自己的问题，才会有更深刻的反思，从而学会如何在工作中负责。这就是所谓惩罚的矫正作用。

另外，惩罚还能够带给团队震慑的作用。不仅对于受到惩罚的成员，甚至对于团队里的其他成员，惩罚都具有这种作用，它会使团队产生危机感。例如，当销售业绩末位淘汰的惩罚机制启动后，即使没有排在末位的团队成员也会感到心里紧张，生怕下个月的业绩排到最后而被淘汰。这会促使团队里的成员更加努力地工作，以期逃出被淘汰的范围。这就是惩罚所带来的震慑效果。

尽管惩罚具有上述的作用，但实际上没有一个团队领导者是喜欢惩罚的，也没有哪一个团队是依靠惩罚成长起来的。因此对于微商团队领导者来说，明智的做法就是把奖励与惩罚相结合，以奖励为先，同时也不忘记惩罚在后。

有人可能会说，作为团队领导者，应当学会宽容，不能做“铁面判官”，那样团队成员会对领导者产生抵触心理。这种说法有一定道理，但却并不全面。惩罚是针对工作中的懈怠、错误以及失职，而宽容是针对团队成员的缺点和弱势。要知道有缺点不等于犯错误，有弱势不等于会失职。一个团队领导者的管理职能中必须要强调淘汰不称职者。如果领导者不能淘汰不称职者，那么就等于放弃了团队的指挥权。所以，以宽容为名，庇护错误和失职的行为只会对团队自身造成损害。

很多杰出的团队领导者往往能够在宽容的同时又厉行惩罚。

著名的通用公司对员工的各种个性甚至怪异的表现都会允许他们充分展现，但是对失职现象却绝不留情。曾经担任过中国工厂厂长的德国人格里希对青年工人的种种缺陷、不足都能十分体谅，甚至爱护备至，但是对违纪现象则坚决惩处。那时候，有厂党委书记曾为了不处分某个违纪的青年工人而替其说情，但格里希并不买账。

从上面的案例可以看到，在这些团队领导者的眼里，宽容是人性的体现，而惩罚是职责的要求，二者不但不矛盾，反而是高度一致的。没有对他人的尊重和理解，就不能形成宽容。而正是这种宽容心态，才能形成对团队事业的真正追求。反过来，没有对错误的惩罚，也就无法推进团队事业向前发展。

团队惩罚运用的方式方法

既然惩罚在团队管理中必不可少，同时它又是一个非常“危险”的管理方式，那么作为领导者就必须要更讲究技巧。微商团队的领导者必须了解，任何时候，让团队成员及时改善工作态度、做好预防和控制永远比事后惩罚要好。团队实施惩罚之前要做到以下几点。

首先，要制定合理的惩罚标准。制定一个合理的惩罚标准，让团队成员能够清楚地了解“哪些行为是不被允许的，每一种错误要付出的代价是什么”是非常重要的。这样不仅让惩罚变得有法可依、有理可讲，更能够潜移默化地督促团队成员去避免犯这些错误。

其次，要分清责任归属。很多工作都是由不同的团队成员协同进行。那么，一旦工作出了问题，团队领导者必须要分清主次责任，同时领导者自己也要承担相应的责任，因为没有做好监督工作。

最后，是区别重罚和轻罚的不同情况。惩罚永远只是手段，是为了改善工作，而不是为了其他目的。因此，对那些故意犯错、屡教不改的团队成员要实施重罚，而对那些态度积极、因一时不察犯了错的团队成员可以酌情给予轻罚。总之，惩罚是团队管理的一个手段，领导者必须要做到公平合理，不能乱用。

在所有的管理惩罚措施中，批评是最为常见的方式。采用这种方式时，领导者应当奉行批评私下进行、问题当众解决的策略。批评只是一种手段，是为了更好地促进团队成员今后开展工作。团队管理要对效率负责。为了能建设一个能自我管理的团队，必须把团队看成一个整体，团队每一个人都要对团队负责。因此，团队领导者应当让成员清楚当出现问题时解决的方法。

在实施批评惩罚行为的时候，领导者必须明白，如果批评的力度到位，那么就能带来团队成员的成长，否则将会带来团队成员的负成长。郑板桥有一句名言，“隔靴搔痒赞何益，入木三分骂亦精”，其含义就是不管是表扬还是批评，都要抓住要害，隔靴搔痒是不能达到目的的。对于批评而言，一定要让被批评方深刻意识到自己的错误，当对方知道“我确实做错了，我以后要尽量努力”的时候，批评的正面效果就会显现出来。同时要注意批评尺度一定要拿捏好，才能使批评成为有效的管理手段。为了收获好的批评效果，团队领导者应当注意以下问题。

第一是批评要具体到某件事。批评的目的不是责备，而是为了解决问题。所以批评一定要具体，切忌漫无目的地指责。

第二是批评不能进行人身攻击。批评是针对某件事，领导者与团队成员之间并没有冤仇，因此批评的时候不要进行人身攻击。

第三是批评要有根有据，要做到公正合理。这就需要双方进行心平气和的沟通，了解造成错误的真相，并找出解决问题的方法。

第四是批评要因人而异。面对不同性格的团队成员，批评的方法要有所变化。如面对脾气火爆的团队成员，领导者应当避免使用激烈的语言刺激；而对于性格内向、自尊心强的团队成员则要心平气和地沟通。

上述就是团队领导者在实施批评手段时需要特别注意的问题。在团队惩罚过程里还经常会遇到这样的情况：惩罚的对象有背景。在这种情况下，惩罚要如何进行呢？我们说，在惩罚制度面前人人平等。如果犯错的行为属实，那么即使是“皇亲国戚”，也同样不能赦免。

如何管理有背景的团队成员一直都是团队领导者一个非常棘手的问题，解决这一问题的方法其实就是秉承原则。对团队领导者来说，处罚是针对事，而不是针对人。如果想协调好这层关系，与有背景的团队成员进行沟通就变成了重要的方式。这种情况一旦处理不好就会给团队其他成员造成影响。团队的其他成员会认为这个团队是凭借关系生存，而不是个人能力。这样的想法会直接伤害他们的工作热情。

很多微商团队都会进行业绩竞赛，那么末位淘汰的方式就是一个惩罚业绩不佳的团队成员的必行方法。实施末位淘汰会让大多数团队成员觉得过于残酷，可是微商团队的生存环境就是这样残酷，能生存下来的都是经过优胜劣汰后留下的团队。因此，末位淘汰的方法一定要推行，这样才能更好地让团队适应竞争，从而在激烈的市场竞争里生存下来。当然，对于被淘汰的团队成员，要让他们了解团队淘汰一个成员不是因为他不好，而是因为别人比他更好。实施末位淘汰必须要首先设计出团队的整体目标，然后为每个团队成员制定具体的考核指标，根据考核指标进行考核，最后淘汰考核成绩位于末位的人。这一系列行为都要做到有理有据，避免造成团队成员对企业不公平的负面印象。

10.4 团队管理成就微商百年之业

从微商近两年来的发展趋势看，一个特征正在显现出来，那就是微商正在向品牌化、规模化的方向迈进，从前作坊式的小打小闹正在被正规的集团性的企业运作模式所取代。从团队的角度看，小团队和个人微商的形式正在被微商大团队取代，微商进入了大团队时代。

微商的团队作战已经是公认的微营销的主流，即使是那些还在孤军奋战的微商个体户们也只是暂时没有找到一个适合自己的团队而已。假以时日，正规团队将淘汰掉那些乌合之众云集、控价不严的团队，孤军奋战的微商势必成为历史。

微商行业的这个发展特点也是经过一段时间的过渡而逐渐形成的。微商开始都是从个人起步逐渐发展成为团队的。很多大的微商代理随着业务的发展，从个人到工作室，再从工作室演变为团队，继而从团队发展成为正规的公司，这是微商发展的一个必然过程。目前来说，那些大的微商代理都组建了公司，开始步入到正规军的行列。

这是一个非常明显的趋势，孤军奋战已经不再适应发展趋势，如果不能组建自己的团队，就很难再获得大的发展机会。毕竟，这种趋势意味着行业的门槛不断提高，小规模团队发展的难度变得更大。对于整个微商而言，这其实是一个良性的发展趋势，说明微商开始向正规化、集中化发展，从个体向企业转变。这不仅仅是身份的转变，更意味着责任的转变以及更多的约束，整个市场也会因此而变得更加规范。

2015年微商界最具规模的狂欢盛会——首届全球万人微商大会暨巨星跨年演唱会在广州体育馆举行。借此之机，微商著名品牌、微商鼻祖“俏十岁”（图10-1）专门组织了来自全国各地近千名“俏十岁”微商精英召开了首届“俏十岁”微商精英团队大会。从那时起，“俏十岁”昂首阔步迈入了微商的大品牌时代。

图 10-1　微商品牌“俏十岁”

“俏十岁”微商是一支极具凝聚力的团队，董事长武斌称之为“俏十岁家人”。品牌入市之初，正是这些团队成员的努力和奋斗让“俏十岁”品牌在极短时间内迅速声名鹊起，享誉全国，创造了面膜品类的口碑与销量奇迹。在“俏十岁”团队的共同努力下，仅驻颜抗衰科技面膜单品的销售额就已达十几亿元人民币，这样的成绩在整个面膜领域都是名列前茅的。

2014 年是“俏十岁家人”最艰辛也是最值得铭记的一年。市场假货泛滥、价格体系紊乱、竞品恶意攻击等给“俏十岁”带来前所未有的困难与挑战。然而，面对种种突发事件的冲击，“俏十岁”却在逆境中不断强大，且越挫越勇，品牌影响力和号召力持续稳步上升。中法品牌建交 50 周年之际，在首届中法品牌高峰论坛上，“俏十岁”成为第一个走出国门、走向世界的中国本土护肤品品牌。在精英团队大会上，武斌一再表示，

“俏十岁”取得的成功都是所有“俏十岁”团队成员坚持不懈努力的结果。他多次向全场团队精英们鞠躬致礼，以感谢他们一如既往的支持与信任。

谈到今后的发展时，武斌强调，“俏十岁”未来将把团队管理、营销制度、品牌战略等方面作为重点发展目标，“俏十岁”的上市计划、专柜渠道拓展计划等也将付诸实践，全国范围内专柜渠道也会大力拓展建设。未来可以肯定的是，“俏十岁”将迎来品牌全新的巨变。

同时，在团队构建模式上，“俏十岁”结束了官方合作伙伴模式，取而代之的是金牌合伙人的合作模式，为的是坚守民族品牌的诚信与责任。武斌强调，诚信是“俏十岁”最为看重的原则，也只有诚信才是微商持久发展的唯一准则。

从上面的案例我们能够看到，那些成功的微商品牌，其背后的秘密都来自战斗力无限的团队，在他们的身上有着显著的团队基因。他们的成功也代表了微商行业发展的趋势：团队为王，团队制胜。

那么，构建有战斗力、有凝聚力且根基稳定的团队，仅仅依靠利益的捆绑是无法实现的。它需要微商领袖们发挥出团队管理能力，建立合理的团队管理体系，找到解决团队问题的方法，只有这样才能确保自身在微商的竞争大潮里舞动身躯，随意弄潮。这就是本书的主旨与核心：依靠团队管理，成就微商百年之业。